Viabilidade
econômico-financeira
de projetos

Central de Qualidade — FGV Management
ouvidoria@fgv.br

PUBLICAÇÕES FGV Management

SÉRIE GERENCIAMENTO DE PROJETOS

Viabilidade econômico-financeira de projetos

3ª edição

Ricardo Bordeaux-Rêgo
Goret Pereira Paulo
Ilda Maria de Paiva Almeida Spritzer
Luis Pérez Zotes

FGV management

FGV EDITORA

ISBN — 978-85-225-0778-8

Direitos desta edição reservados à
EDITORA FGV
Rua Jornalista Orlando Dantas, 37
22231-010 — Rio de Janeiro, RJ — Brasil
Tels.: 0800-021-7777 — 21-3799-4427
Fax: 21-3799-4430
e-mail: editora@fgv.br — pedidoseditora@fgv.br
web site: www.fgv.br/editora

Impresso no Brasil / Printed in Brazil

Este livro foi editado segundo as normas do Acordo Ortográfico da Língua Portuguesa, aprovado pelo Decreto Legislativo nº 54, de 18 de abril de 1995, e promulgado pelo Decreto nº 6.583, de 29 de setembro de 2008.

1ª edição — 2006; 1ª reimpressão — 2006; 2ª reimpressão — 2007.
2ª edição — 2008; 1ª e 2ª reimpressões — 2008; 3ª e 4ª reimpressões — 2009.
2ª edição atualizada — 2009.
3ª edição — 2010.

Revisão dos originais: Ana Paula Dantas

Editoração eletrônica: FA Editoração Eletrônica

Revisão: Adriana Alves Ferreira, Aleidis de Beltran, Andréa Bivar, Fatima Caroni e Marco Antonio Corrêa

Capa: aspecto:design

Ilustração de capa: André Bethlem

Bordeaux-Rêgo, Ricardo
Viabilidade econômico-financeira de projetos / Ricardo Bordeaux-Rêgo, Goret Pereira Paulo, Ilda Maria de Paiva Almeida Spritzer, Luis Péres Zotes. 3. ed. — Rio de Janeiro : Editora FGV, 2010.
164 p. — (Gerenciamento de projetos)

Acima do título: Publicações FGV Management.
Inclui bibliografia

1. Avaliação de projetos — Aspectos econômicos. 2. Administração de projetos. I. Paulo, Goret Pereira. II. Spritzer, Ilda Maria de Paiva Almeida. III. Péres Zotes, Luis. IV. Fundação Getulio Vargas. V. FGV Management. VI. Título. VII. Série.

CDD — 658.404

Aos nossos alunos e aos nossos colegas docentes,
que nos levam a pensar e repensar nossas práticas.

Sumário

Apresentação

Este livro compõe as Publicações FGV Management, programa de educação continuada da Fundação Getulio Vargas (FGV).

Instituição de direito privado com mais de meio século de existência, a FGV vem gerando conhecimento por meio da pesquisa, transmitindo informações e formando habilidades por meio da educação, prestando assistência técnica às organizações e contribuindo para um Brasil sustentável e competitivo no cenário internacional.

A estrutura acadêmica da FGV é composta por oito escolas e institutos: a Escola Brasileira de Administração Pública e de Empresas (Ebape), dirigida pelo professor Flavio Carvalho de Vasconcelos; a Escola de Administração de Empresas de São Paulo (Eaesp), dirigida pela professora Maria Tereza Leme Fleury; a Escola de Pós-Graduação em Economia (EPGE), dirigida pelo professor Renato Fragelli Cardoso; o Centro de Pesquisa e Documentação de História Contemporânea do Brasil (Cpdoc), dirigido pelo professor Celso Castro; a Escola de Direito de São Paulo (Direito GV), dirigida pelo professor Ary Oswaldo Mattos Filho; a Escola de Direito do Rio de Janeiro (Direito Rio), dirigida pelo professor Joaquim Falcão; a Escola de Economia de São Paulo (Eesp), dirigida pelo professor Yoshiaki Nakano; o Instituto Brasileiro de Economia (Ibre), dirigido pelo professor Luiz Guilherme Schymura de Oliveira. São diversas unidades com a marca FGV, trabalhando com a mesma filosofia: gerar e disseminar o conhecimento pelo país.

Dentro de suas áreas específicas de conhecimento, cada escola é responsável pela criação e elaboração dos cursos oferecidos pelo Instituto de Desenvolvimento Educacional (IDE), criado em 2003 com o objetivo de coordenar e gerenciar uma rede de distribuição única para os produtos e serviços educacionais da FGV, por meio de suas escolas. Dirigido pelo professor Clovis de Faro e contando com a direção acadêmica do professor Carlos Osmar Bertero, o IDE engloba o programa FGV Management e sua rede conveniada, distribuída em todo o país (ver www.fgv.br/fgvmanagement), o programa de ensino a distância FGV Online (ver www.fgv.br/fgvonline), a Central de Qualidade e Inteligência de Negócios e o Programa de Cursos In Company. Por meio de seus programas, o IDE desenvolve soluções em educação presencial e a distância e em treinamento corporativo customizado, prestando apoio efetivo à rede FGV, de acordo com os padrões de excelência da instituição.

Este livro representa mais um esforço da FGV em socializar seu aprendizado e suas conquistas. Ele é escrito por professores do FGV Management, profissionais de reconhecida competência acadêmica e prática, o que torna possível atender às demandas do mercado, tendo como suporte sólida fundamentação teórica.

A FGV espera, com mais essa iniciativa, oferecer a estudantes, gestores, técnicos — a todos, enfim, que têm internalizado o conceito de educação continuada, tão relevante nesta era do conhecimento — insumos que, agregados às suas práticas, possam contribuir para sua especialização, atualização e aperfeiçoamento.

Clovis de Faro
Diretor do Instituto de Desenvolvimento Educacional

Ricardo Spinelli de Carvalho
Diretor Executivo do FGV Management

Sylvia Constant Vergara
Coordenadora das Publicações FGV Management

Introdução

O objetivo deste livro é apresentar um roteiro para a correta avaliação econômico-financeira de projetos. Serão introduzidos conceitos que apoiem o gerente de projetos na sua tomada de decisão.

O livro compreende cinco capítulos, além desta introdução e da conclusão. O primeiro trata da elaboração do fluxo de caixa, incluindo a base conceitual em finanças para o estudo de viabilidade de projetos.

O segundo capítulo apresenta os modelos determinísticos usualmente utilizados na avaliação de oportunidades de investimento.

O capítulo seguinte aborda risco e custo de capital sob os pontos de vista dos proprietários (acionistas), credores e da empresa como um todo. São tratados os conceitos de alavancagem operacional e financeira. Financiamento com o uso de *leasing*, suas vantagens e desvantagens também são externados.

O quarto capítulo aborda a análise do risco, tipos de risco e o seu ajustamento aos projetos.

Finalmente, o capítulo 5 apresenta um estudo de caso abrangente que sintetiza o conteúdo aprendido. Apresentamos a análise da viabilidade econômico-financeira de dois projetos e a tomada de decisão, verificando a geração de valor para o acionista. Aplicações especiais são desenvolvidas, ilustrando a utilização de diversas técnicas apresentadas.

1

Fundamentos para elaboração do fluxo de caixa de projetos

Este capítulo introduz conceitos fundamentais para a elaboração de fluxos de caixa de projetos.

Uma empresa deve estar preparada para enfrentar a competição global e os impactos no mercado onde atua. Assim, deve investir em inovação, novos equipamentos, processos e tecnologias. Também é necessária a expansão por meio de novos empreendimentos, sempre visando a geração sustentável de valor para os acionistas.

Os projetos de investimentos podem ser classificados nas seguintes categorias:

- expansão — aquisição de ativos imobilizados para aumentar a produção, participação no mercado ou área geográfica. Isso pode se dar por meio de novas unidades comerciais, depósitos ou instalações fabris, máquinas, equipamentos ou veículos;
- substituição — substituir ou renovar ativos obsoletos ou gastos pela elevada vida útil. Isso inclui a reposição ou atualização tecnológica de, por exemplo, programas de computação (softwares);

- modernização — reconstrução, recondicionamento ou adaptação de uma máquina ou das instalações para maior eficiência;
- intangíveis — gastos com propaganda, pesquisa e desenvolvimento, treinamento e serviços de consultoria à administração.

A dinâmica do investimento em projetos demanda a compreensão de conceitos fundamentais em finanças que serão apresentados a seguir.

Objetivo de uma empresa

O objetivo dos envolvidos na administração de uma empresa é a maximização do seu valor para os acionistas. Esse objetivo é algo a ser perseguido a longo prazo, sem foco em lucros imediatos. Dessa forma, as decisões devem ser tomadas no sentido de gerar aumentos de riqueza sustentáveis.

O pessoal de finanças é mais diretamente envolvido no levantamento e acompanhamento de resultados, confrontando-os com as metas previamente estabelecidas. São, portanto, responsáveis pelas decisões mais importantes, segundo Damodaran (2002):

- decisão de investimento — distribuição dos recursos da empresa entre os vários projetos de investimento propostos;
- decisão de financiamento — recursos que serão utilizados para a realização dos projetos;
- decisão de distribuição de resultados — definição da proporção entre dividendos aos acionistas e recursos a serem reinvestidos no negócio. O reinvestimento de lucros, se for muito pequeno, sinaliza falta de projetos atraentes. Se for muito elevado, afasta os investidores interessados em dividendos.

As decisões de financiamento e investimento são interdependentes. Por exemplo, o acesso a recursos do BNDES facilita a realização de projetos. Por outro lado, uma empresa com ações negociadas em bolsa de valores terá investidores que participarão do seu capital, facilitando a obtenção de recursos.

O processo de planejamento financeiro é apresentado a seguir.

Planejamento financeiro

Durante o planejamento financeiro são analisadas as interações de investimento e financiamento disponíveis para a empresa. Nesse processo, busca-se a melhor proporção de capital próprio e de terceiros para definir os recursos a serem empregados nos projetos. No capítulo 3 isso será estudado. A disponibilidade de recursos de agências governamentais em áreas incentivadas pode assumir um papel relevante, direcionando a empresa para projetos fora da sua região de origem.

O administrador deve projetar as consequências das suas decisões de investimento e financiamento. Pode desenvolver cenários, realizando simulações de inflação, de crescimento econômico e de taxas de juros, entre outras. Com isso, procurará evitar surpresas, analisando os possíveis impactos das variáveis escolhidas nos resultados dos projetos. A compreensão dos riscos envolvidos direciona a análise para os aspectos mais sensíveis, dando maior segurança à tomada de decisão, como veremos no capítulo 4.

A empresa e clientes, fornecedores, acionistas e credores

O relacionamento entre a empresa e seus parceiros envolve risco. Portanto, o gestor deve conhecê-los bem.

A figura 1 apresenta o esquema de relacionamentos.

Figura 1

RELACIONAMENTO COM CLIENTES E FORNECEDORES

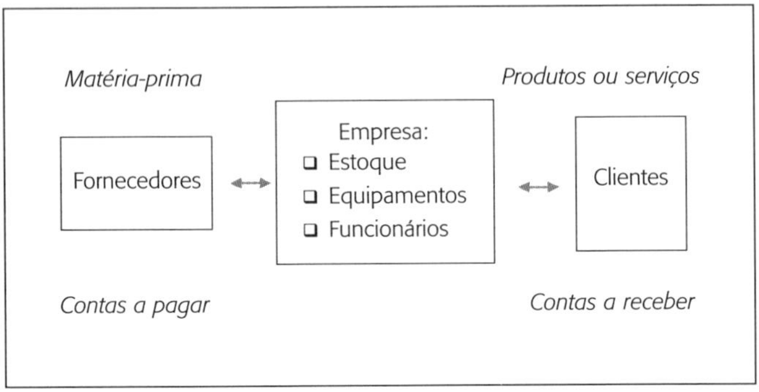

Os fluxos financeiros surgem a partir das relações ilustradas na figura 1: a matéria-prima (ou produto ou serviço) é fornecida à empresa, gerando contas a pagar. A empresa a processa e vende aos clientes, surgindo as contas a receber. O risco está presente em cada passo dessas operações: se o fornecedor receber um adiantamento para produzir e não entregar à empresa no prazo acordado, ou com as especificações definidas, ela poderá ter sérios problemas. O cliente, por sua vez, pode receber o produto ou serviço e atrasar o pagamento à empresa, gerando uma necessidade de caixa (recursos) para honrar compromissos assumidos.

Os recursos necessários para equilibrar os recebimentos e pagamentos de curto prazo têm o nome de capital de giro, como veremos adiante.

A empresa não tem preocupação apenas com questões de curto prazo. De fato, ela deve visar a geração de valor a longo prazo. Para atingir esse objetivo, é necessário o acompanhamento dos resultados, por meio de demonstrativos financeiros.

A principal fonte de informações para a tomada de decisão é o balanço da empresa. A sua elaboração é de responsabilidade dos profissionais da área de contabilidade, de modo que neste livro ele será sucintamente apresentado, apenas para dar subsídios à construção do fluxo de caixa de projetos.

O balanço é um retrato instantâneo da situação contábil da empresa. Ele se subdivide em duas partes: ativo e passivo. À esquerda ficam os ativos da empresa, que representam as suas aplicações. À direita, os passivos e o patrimônio dos acionistas ou proprietários, suas fontes de recursos.

O quadro 1 apresenta esquematicamente o balanço.

Quadro 1

O BALANÇO DE UMA EMPRESA

Ativo		**Passivo**
Ativo circulante	Curto prazo: contas circulantes	Passivo circulante
Caixa Aplicações financeiras Contas a receber no curto prazo Estoques		Fornecedores Contas a pagar Impostos Dividendos
Ativo não circulante	Longo prazo: contas permanentes	Passivo não circulante
Imobilizados Investimentos a longo prazo Diferido		Exigível a longo prazo (dívidas) ❑ empréstimos ❑ debêntures
		Patrimônio líquido ❑ capital próprio dos acionistas ❑ lucros retidos ❑ reservas

Ativo

Em um balanço, as contas do ativo são apresentadas no lado esquerdo, pela ordem do prazo previsto, para que as operações da empresa sejam convertidas em caixa. São classificadas em circulantes ou não circulantes. Os ativos circulantes correspondem às operações de curto prazo:

- caixa — é o ativo de maior liquidez, já que ele representa a disponibilidade de numerário para as operações;
- aplicações financeiras — títulos ou obrigações facilmente conversíveis em caixa;
- contas a receber dos clientes;
- estoques — serão convertidos em caixa no momento da venda se o recebimento for à vista; caso contrário, em contas a receber de clientes.

Os ativos não circulantes são utilizados nas operações da empresa a longo prazo:

- os imobilizados podem ser classificados em tangíveis (terrenos, imóveis, veículos, máquinas e equipamentos) e intangíveis (marcas, patentes e direitos autorais);
- os investimentos — participações na forma de ações ou cotas em outras empresas coligadas ou controladas;
- os diferidos — correspondem a recursos aplicados em pesquisa e desenvolvimento ou investimentos pré-operacionais, que geralmente excedem o período de um exercício.

A decisão de investimento deve maximizar a rentabilidade dos recursos alocados, o que pode incluir a venda de ativos que não gerem valor, reduzindo a imobilização do capital.

Passivo

O lado direito do balanço apresenta os passivos de curto e longo prazos.

Os passivos de curto prazo, também denominados circulantes, incluem:

- contas a pagar aos fornecedores pela compra de estoques;
- despesas com salários, impostos e aluguéis;

- encargos e financiamentos em instituições financeiras, que vencem em até um ano;
- dividendos pagos aos acionistas.

Os passivos não circulantes compreendem:

- exigível a longo prazo, correspondendo a empréstimos e financiamentos em instituições financeiras, fornecedores de equipamentos de grande porte (em moeda nacional e estrangeira), obrigações por emissão de debêntures;
- provisões de longo prazo;
- patrimônio líquido, que representa os recursos próprios dos sócios na empresa, distribuídos nas seguintes contas:
  - capital — aumenta quando a empresa emite ações para obter recursos para seus empreendimentos;
  - lucros retidos — constituída no longo prazo por meio do reinvestimento dos resultados que não foram distribuídos no pagamento de dividendos;
  - reservas.

Os passivos correspondem às obrigações da empresa, que devem ser quitadas dentro de um determinado prazo. O não cumprimento de suas obrigações, ou seja, a falta de pagamento, pode colocar a empresa em situação de inadimplência ou violação de contrato, podendo implicar recuperação judicial ou falência.

Capital de giro

O capital circulante líquido ou capital de giro líquido é o resultado da diferença entre ativos circulantes e passivos circulantes. Constitui a parte dos ativos circulantes financiada com recursos de longo prazo. Ele existe para equilibrar as contas de curto prazo, como ilustra a figura 2.

Figura 2

CAPITAL DE GIRO: PRINCIPAIS CONTAS

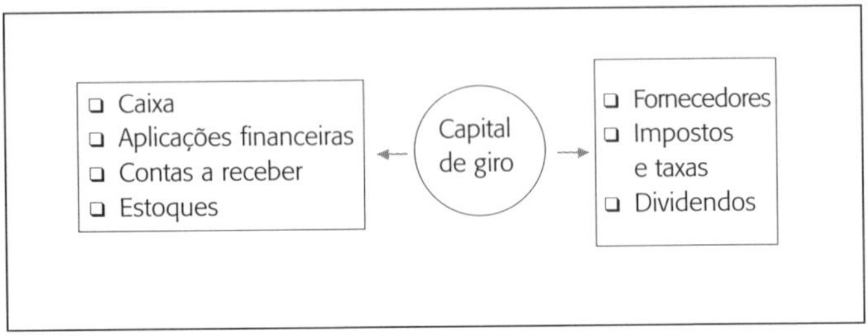

No Brasil, é muito onerosa a utilização de dívida para equilibrar as contas circulantes. As empresas devem dimensionar seu capital de giro para não necessitarem de financiamentos de curto prazo.

No longo prazo, a utilização de recursos de terceiros para financiar a atividade da empresa representa uma alavanca que tanto pode elevar os ganhos, quanto as perdas. Um alto nível de endividamento na estrutura de capital da empresa pode melhorar a remuneração dos acionistas. Isso se deve à maior disponibilidade de recursos para os projetos e aos benefícios fiscais obtidos com as despesas de juros. No capítulo 3 apresentamos as questões referentes às proporções de capital próprio e de terceiros (estrutura de capital) e seus impactos na avaliação dos projetos.

Outra forma de financiamento é por meio da obtenção de capital próprio pela emissão de ações, apresentada a seguir.

Sociedades por ações

No Brasil, o capital próprio engloba as ações preferenciais e ordinárias, sendo importante ressaltar as suas características, em termos de exigibilidade e distribuição dos resultados.

As ações preferenciais (PN) têm dupla característica: no caso de falência, estão acima das ações ordinárias e abaixo do passivo exigível, mas têm garantida a distribuição mínima de dividendos 10% maiores do que os das ações com direito a voto. O dividendo mínimo a ser pago aos detentores de ações preferenciais é de 25% do lucro líquido da companhia.

As ações ordinárias não têm prioridade em relação a dividendos ou falência. Entretanto, seus proprietários têm direito a voto proporcional à quantidade detida. Além disso, possuem o direito de vender suas ações por 80% do preço alcançado pelos majoritários em caso de alienação do controle.

Atualmente as empresas podem se constituir com, no máximo, 50% de ações preferenciais. Entretanto, a Lei nº 10.003 de 2001 permitiu que as empresas então existentes permanecessem com a proporção mínima de um terço para ordinárias e máxima de dois terços para preferenciais, da legislação anterior. Desse modo, o controle pode ser mantido com um pequeno número de ações ordinárias (um sexto do capital da empresa).

As emissões de ações podem ser uma importante forma de captação de recursos para a realização de projetos.

A seguir, veremos a construção do demonstrativo de resultados de uma empresa.

Demonstrativos de resultados

A apuração dos resultados é o ponto de partida para a projeção do fluxo de caixa e o lucro econômico do projeto. A apuração contábil do resultado confronta as receitas correspondentes às vendas dos bens ou serviços produzidos com as despesas correspondentes, em um determinado período de tempo.

O quadro 2 apresenta um modelo de demonstrativo de resultados.

Quadro 2

Demonstrativo de resultados

Item	Descrição
(+) Receita operacional bruta	Venda de bens ou serviços
(−) Impostos sobre vendas	
(=) Receita operacional líquida	
(−) Custos dos produtos ou serviços vendidos	
(−) Despesas operacionais	
(=) Lucros antes de juros, impostos, depreciação e amortizações	Geração operacional de caixa (também denominada *Ebitda — Earnings before interests, taxes, depreciation and amortization*)
(−) Depreciação	Despesa contábil que não impacta o caixa, apenas gerando benefício fiscal
(−) Juros	Despesas financeiras
(=) Lucro antes do imposto de renda (Lair)	Lucro tributável
(−) Imposto de renda	
(=) Lucro líquido	
(+) Depreciação	A depreciação retorna
(=) Fluxo de caixa operacional	
(−) Investimentos de capital	Imobilizações, por exemplo
(−) Necessidade de capital de giro	Reforço de caixa
(=) Lucro líquido aos acionistas	

É importante ressaltar que, enquanto o balanço patrimonial é um instantâneo, a demonstração de resultados é o somatório das operações em determinado período de tempo, em geral mensal, trimestral ou anual. Por meio do planejamento econômico-financeiro, a administração acompanha e controla as previsões em períodos mensais ou trimestrais, para corrigir possíveis alterações antes que os resultados sejam acumulados.

A contabilização dos resultados utiliza o princípio de competência, compatibilizando as receitas com as despesas ocorridas. Por exemplo, na venda a prazo, o registro da venda e do lucro ocorre antes da entrada de caixa.

Na elaboração do fluxo do projeto será utilizado o princípio das finanças, que é a apuração pelo regime de caixa, por meio de ajustes na demonstração de resultado do exercício.

Origens e aplicações de recursos

O demonstrativo de origens e aplicações de recursos (Doar) contabiliza a movimentação de recursos financeiros na empresa. As variações são obtidas por meio do balanço patrimonial, no regime de competência, refletindo as operações de investimento e financiamento durante o exercício. O quadro 3 ilustra.

Quadro 3

DOAR

Discriminação	Exemplos
Origens de recursos:	
❑ operações	❑ Lucro do exercício + depreciação
❑ acionistas	❑ Integralização do capital social, ágio de ações
❑ terceiros	❑ Empréstimos de longo prazo, venda permanente
Aplicações de recursos:	
❑ aplicações permanentes	❑ Aquisição de ativo imobilizado ou diferido
❑ pagamentos de empréstimos a longo prazo	❑ Amortização de empréstimos a longo prazo
❑ remuneração dos acionistas	❑ Dividendos distribuídos
Variação do capital circulante líquido	❑ Representa a diferença entre o total das origens e o total das aplicações
Saldo final e inicial do capital circulante líquido e variação	❑ Ativo e passivo circulante do início e do fim do período ❑ Montante do capital circulante líquido e o aumento ou redução

O lucro líquido apurado, por exemplo, poderá não estar refletido no saldo final do caixa, pois pode ter sido usado de várias formas: elevação de estoques, financiamento de clientes, investimento em ativos fixos, redução de endividamento, distribuição de dividendos ou recompra de ações. Por outro lado, os recursos que aumentam o caixa nem sempre têm origem no lucro, como por exemplo: venda de ativos, captação de empréstimos ou despesa de depreciação.

Na demonstração de origens e aplicações de recursos estão representadas as mudanças na posição de caixa da empresa, separadas em três categorias: operacionais, investimentos e financiamentos. Essa demonstração não representa o fluxo de caixa da empresa. Trata-se de um conceito mais amplo que apresenta as variações do capital circulante líquido (capital de giro) e as mutações na posição financeira do negócio.

O Doar é um instrumento gerencial útil para a formulação das políticas de curto e longo prazos. O administrador deve definir as fontes de financiamentos adequadas aos dispêndios que realizará. A seguir, veremos as fontes de financiamentos.

Fontes de financiamentos

Um projeto de investimento é realizado para gerar valor para a empresa. Para tanto, ele necessitará de recursos.

As empresas utilizam várias maneiras distintas de financiamento:

- financiamento interno — retenção de lucros;
- financiamento externo via dívida — capital de terceiros;
- financiamento externo via emissão de ações;
- financiamento externo via instrumentos híbridos, mesclando dívida e capital próprio (obrigações conversíveis em ações, por exemplo).

O tipo de financiamento está relacionado ao estágio da empresa em seu ciclo de vida:

- início — capital próprio — as empresas ou negócios começam com o capital dos empreendedores. Como não podem dar garantias, dificilmente captam empréstimos para seus investimentos iniciais;
- crescimento — capital de risco (*venture capital*), abertura de capital (Ipos – *initial public offerings*) — o capitalista de risco surge quando as empresas começam a crescer e necessitam intensamente de recursos. A falta de acesso a crédito as incentiva a buscar nos capitalistas de risco, sócios com capacidade financeira para realizar os aportes necessários;

- amadurecimento — lucros retidos e dívida (capital de terceiros) — na fase madura os resultados se tornam mais previsíveis e as empresas já possuem ativos que podem ser dados em garantia a empréstimos;
- declínio — recompra de ações, dividendos extraordinários (desinvestimento). A existência de poucos projetos leva as empresas a distribuírem um percentual maior dos lucros como dividendos ou mesmo a realizar recompra de ações.

As empresas, em geral, buscam estar na fase de maturidade. Por meio de novos investimentos, passam novamente por fases de crescimento para então se estabilizar e assim por diante. Esse ciclo contínuo perpetua o negócio.

O orçamento de capital trata do planejamento e da gestão dos investimentos de longo prazo da empresa.

Orçamento de capital

As decisões de investimento de capital são estratégicas porque exigem a alocação de recursos financeiros por período superior a um ano, representando elevado risco. A escolha do momento correto e da forma de financiamento torna a decisão complexa. Na fase preliminar, algumas variáveis são muito importantes, como: tamanho do mercado, intensidade da concorrência e tributação.

O processo de orçamento de capital inicia com a geração das propostas de projetos. Após a análise de viabilidade econômico-financeira das alternativas, é tomada a decisão de investimento.

A fase de implantação, a seguir, é uma das etapas mais críticas, envolvendo as técnicas de gestão de projetos, fundamentais para garantir o seu sucesso. O monitoramento do desempenho não deve se restringir à fase final, mas abranger cada etapa, permitindo medidas corretivas que realimentarão o planejamento. Essa experiência trará importantes subsídios para futuros empreendimentos.

O orçamento de capital, portanto, define a alocação dos recursos para o projeto, detalhando as entradas e saídas previstas em um determinado período futuro.

Para estudar a viabilidade econômico-financeira dos projetos, precisamos aprender a determinar o fluxo de caixa por eles gerado. É o que veremos a seguir.

Projetando o fluxo de caixa de um projeto

O método mais utilizado para análise de investimentos é o fluxo de caixa descontado. Ele depende da projeção dos fluxos, da estimativa de valor residual e da determinação da taxa de desconto.

A projeção do fluxo de caixa do projeto é etapa fundamental do orçamento de capital. Normalmente, se subdivide em:

- investimento inicial;
- fase de operação do projeto que gera os fluxos de caixa líquidos anuais.

Na projeção do fluxo de caixa determinadas premissas devem ser observadas:

- regime de caixa e de competência — os demonstrativos contábeis registram as receitas e despesas pelo regime de competência, mas na elaboração do fluxo de caixa são consideradas as entradas e saídas somente quando ocorridas. Portanto, os demonstrativos de resultados devem ser ajustados para refletir o fluxo de caixa do projeto;
- fluxo de caixa incremental — o importante são os incrementos, entradas ou saídas, que são esperados como resultado de uma proposta de investimento;

- representação dos fluxos de caixa — as entradas e saídas de caixa são apresentadas em um determinado período de tempo, por meio de uma reta horizontal com escala. Os períodos de tempo aparecem representados em intervalos contínuos.

No fluxo de caixa convencional, as setas verticais indicam os fluxos de recursos (ver figura 3). A seta para baixo ⇓ indica uma saída ou aplicação de caixa (ou um valor negativo), a seta para cima ⇑ significa uma entrada ou recebimento de caixa (ou um valor positivo). Os fluxos de caixa dependem da natureza dos projetos, sendo convencional uma saída inicial de caixa seguida por uma série de entradas.

Figura 3

FLUXO CONVENCIONAL

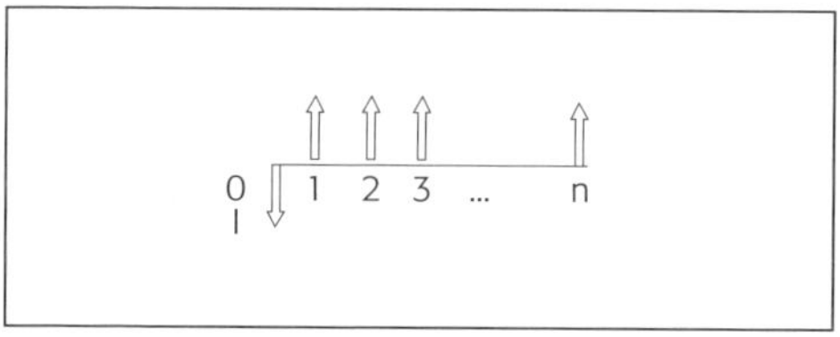

O fluxo não convencional, figura 4, apresenta uma saída inicial de caixa seguida de forma não uniforme de várias entradas ou saídas.

Figura 4

FLUXO NÃO CONVENCIONAL

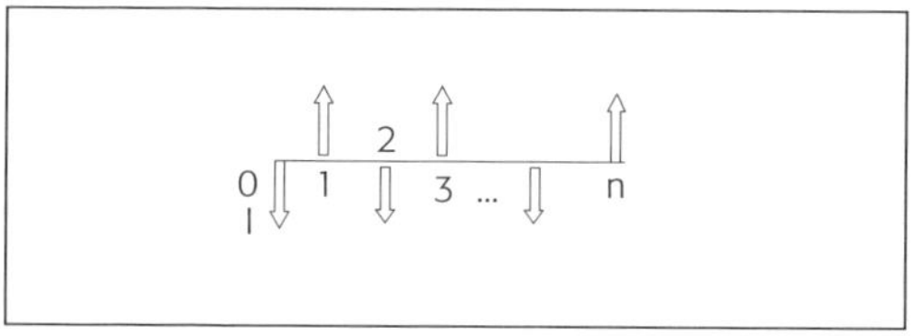

Períodos

Os fluxos de caixa são alocados a um instante de tempo, seguindo a convenção de capitalização ao final do período. Os investimentos serão considerados no instante zero, as receitas e os custos operacionais ocorridos ao longo de um ano serão alocados ao fim do período. Os projetos industriais utilizam, em geral, o ano como unidade de tempo.

Vida útil do projeto

Deve levar em consideração o tempo em que a concorrência demora para entrar no mercado e derrubar as margens e o potencial de crescimento. Reflete a vida econômica ou obsolescência, respectivamente, dos equipamentos iniciais do projeto, do bem ou serviço produzido. Pode contemplar, por exemplo, o prazo legal de uma concessão.

Custo de oportunidade

Representa a perda da remuneração por aplicações alternativas de recursos dos acionistas.

Taxa mínima de atratividade

Considera o custo de capital que corresponde ao custo das fontes de financiamento ou o custo de oportunidade.

Fluxos de caixa reais e nominais

É necessário haver consistência dos fluxos de caixa e taxas de desconto em relação à inflação. Se os fluxos forem projetados em moeda constante (sem considerar a inflação), a taxa de desconto adequada é a real. O processo de estimação de fluxos de caixa nominais, por outro lado, implica a projeção das variações de preço dos produtos ou serviços produzidos, bem como dos insumos de produção.

Componentes do fluxo

O orçamento de capital convencional, para a avaliação dos projetos de investimentos, pode ser dividido em quatro componentes:

- investimento inicial — saída de caixa relevante no instante zero = investimento no ativo + despesas de instalação do ativo + variação do capital circulante líquido;
- fluxos de caixa operacionais — entradas de caixa incrementais, após os impostos. O resultado operacional é função direta das receitas e dos custos correspondentes ao projeto. As demonstrações financeiras dos anos anteriores são o ponto de partida para a projeção das entradas de caixa. Os dados financeiros históricos permitem determinar estimativas de variáveis, tais como número de unidades vendidas, preço de venda por unidade, custo variável unitário e custos fixos totais;
- fluxo de caixa residual — é o fluxo de caixa não operacional, após imposto de renda, que ocorre ao final do projeto, decorrente da sua liquidação. Contabilmente, o valor residual corresponde ao valor não depreciado do ativo no período em análise. Para calcularmos a entrada de caixa relativa à sua venda, é necessário determinar o preço no mercado. No capítulo 2 há um exemplo de aplicação desse conceito. Além disso, devemos considerar a recuperação do capital de giro;

- perpetuidade — considera-se a vida útil como indeterminada quando não existe um prazo para o término do projeto. A perpetuidade pode ser um dos elementos mais relevantes para avaliação de empresas. O período "n" é definido como o momento em que a instalação alcança capacidade constante de geração de resultados.

Genericamente, podemos calcular o valor residual pela expressão a seguir:

valor residual = fluxo de caixa líquido + custo de capital

O valor obtido, nesse caso, deverá ser considerado uma entrada de recursos a ser adicionada ao fluxo do ano anterior ao início da perpetuidade. Isso será exemplificado no próximo capítulo.

Agora que já conhecemos os componentes do fluxo de caixa de um projeto, podemos apresentá-lo em forma de planilha.

Primeiramente, devemos verificar se o projeto será ou não viável, independentemente das condições de financiamento. Nessa análise, não consideramos as despesas financeiras nem as amortizações a serem realizadas devido aos empréstimos de terceiros. Esses valores somente serão importantes na análise do fluxo de caixa sob o ponto de vista dos acionistas.

O quadro 4 ilustra o fluxo de caixa global, contemplando o ponto de vista das empresas, adequado à análise de projetos no Brasil.

O fluxo de caixa de uma empresa que utilize dívida deve ser descontado ao custo médio ponderado de capital, como veremos no capítulo 3, e comparado ao investimento total realizado (incluindo capital de terceiros).

Quadro 4

FLUXO DE CAIXA GLOBAL

Componente do fluxo de caixa	Ano				
	0	1	2	i	n
(+) Receita					
(–) PIS/Cofins					
(–) ICMS					
(=) Receitas líquidas					
(–) Custos dos produtos vendidos					
(=) Lucro operacional bruto					
(–) Despesas administrativas					
(–) Despesas comerciais					
(–) Despesas gerais					
(=) Lucro operacional (*Ebitda*)					
(–) Depreciação					
(=) Lucro antes do IR (Lair)					
(–) IR					
(=) Lucro líquido					
(+) Depreciação					
(=) Fluxo de caixa operacional					
(+/–) Investimentos ou desmobilizações de equipamentos					
(+/–) Mudanças no capital de giro					
(=) Fluxo de caixa global					

A abordagem do fluxo de caixa sob o ponto de vista dos acionistas é apresentada no quadro 5. O fluxo de caixa ao acionista deve ser descontado ao custo de capital próprio e comparado ao investimento por ele realizado.

Você notou as diferenças entre esse fluxo e o anterior? No fluxo ao acionista levam-se em conta as despesas financeiras e as amortizações. A seguir apresentamos um exemplo de fluxo de caixa para sua melhor compreensão.

Quadro 5

Fluxo de caixa de um projeto sob o ponto de vista dos acionistas

Componente do fluxo de caixa	Ano				
	0	1	2	i	n
(+) Receita					
(–) PIS/Cofins					
(–) ICMS					
(=) Receitas líquidas					
(–) Custos dos produtos vendidos					
(=) Lucro operacional bruto					
(–) Despesas administrativas					
(–) Despesas comerciais					
(–) Despesas gerais					
(=) Lucro operacional (*Ebitda*)					
(–) Depreciação					
(=) Lucro antes de juros e IR (Lajir)					
(–) Despesas financeiras					
(=) Lucro antes do IR (Lair)					
(–) IR					
(=) Lucro líquido					
(+) Depreciação					
(=) Fluxo de caixa					
(–) Amortizações					
(+/–) Mudanças no capital de giro					
(+/–) Investimentos ou desmobilizações de equipamentos					
(=) Fluxo de caixa ao capital próprio – acionistas (FCCP)					

Uma empresa pretende realizar um projeto de expansão que custará R$ 100 milhões.

Informações financeiras da empresa:

- a alíquota do imposto de renda para a empresa é de 25%;
- a estrutura de capital da empresa é composta de 70% de capital próprio e 30% de capital de terceiros;

- o capital próprio é composto de ações negociadas em bolsa de valores;
- a taxa de retorno do capital próprio está em 20% ao ano;
- o capital de terceiros é composto de um financiamento do BNDES, com taxa de juros de 12,75% ao ano.

Informações referentes ao projeto:

- o horizonte do projeto é de quatro anos;
- o volume de receitas previsto para o primeiro ano do projeto é de R$ 100 milhões;
- a taxa de crescimento das receitas é de 10% ao ano;
- impostos sobre as receitas são de 10%;
- os custos dos produtos vendidos são de 20% das receitas;
- as despesas administrativas são estimadas em R$ 5 milhões anuais, devendo permanecer fixas durante todo o projeto;
- as despesas comerciais estão estimadas em 4% das receitas;
- as despesas gerais estão estimadas em R$ 2 milhões;
- o investimento necessário em ativos permanentes deverá ser de R$ 100 milhões. Tais ativos deverão ser depreciados segundo suas vidas contábeis, de quatro anos;
- os ativos permanentes serão revendidos ao final do projeto, a valores de mercado estimados em R$ 30 milhões;
- para o projeto haverá investimento em capital de giro no valor de R$ 25 milhões, junto com a compra dos ativos;
- não haverá reforço de capital de giro durante o projeto.

Questão: monte os fluxos de caixa para a empresa e para os acionistas.

Solução: primeiramente, devemos montar o fluxo de caixa segundo o ponto de vista da empresa, tomando como base o quadro 4 apresentado.

Do ponto de vista da empresa, devemos calcular o fluxo de caixa global.

Componente do fluxo de caixa	Valor (R$ mil)				
	Ano 0	Ano 1	Ano 2	Ano 3	Ano 4
(+) Receita		100.000	110.000	121.000	133.100
(–) Impostos		–10.000	–11.000	–12.100	–13.310
(=) Receitas líquidas		90.000	99.000	108.900	119.790
(–) Custos dos produtos vendidos		–20.000	–22.000	–24.200	–26.620
(=) Lucro operacional bruto		70.000	77.000	84.700	93.170
(–) Despesas administrativas		–5.000	–5.000	–5.000	–5.000
(–) Despesas comerciais		–4.000	–4.400	–4.840	–5.324
(–) Despesas gerais		–2.000	–2.000	–2.000	–2.000
(=) Lucro operacional (*Ebitda*)		59.000	65.600	72.860	80.846
(–) Depreciação		–25.000	–25.000	–25.000	–25.000
(=) Lucro antes do IR (Lair)		34.000	40.600	47.860	55.846
(–) IR (25%)		–8.500	–10.150	–11.965	–13.962
(=) Lucro líquido		25.500	30.450	35.895	41.885
(+) Depreciação		25.000	25.000	25.000	25.000
(=) Fluxo de caixa operacional		50.500	55.450	60.895	66.885
(+/–) Investimentos ou desmobilizações de equipamentos	–100.000	0	0	0	30.000
(–) IR (25%) sobre a venda dos ativos					–7.500
(+/–) Mudanças no capital de giro	–25.000	0	0	0	25.000
(=) Fluxo de caixa global	–125.000	50.500	55.450	60.895	114.385

Você observou que no fluxo de caixa global não levamos em consideração os juros e amortizações pagas devido ao financiamento? Sob o ponto de vista da empresa, calculamos o que ela gera de resultado para os seus provedores de capital: acionistas e credores. Como veremos adiante, o ponto de vista dos acionistas é que levará em consideração as despesas financeiras (juros) e amortizações pagas.

Em seguida, o fluxo de caixa para os acionistas é calculado da forma indicada no quadro 5.

Componente do fluxo de caixa	Valor (R$ mil)				
	Ano 0	**Ano 1**	**Ano 2**	**Ano 3**	**Ano 4**
(+) Receita		100.000	110.000	121.000	133.100
(–) Impostos		–10.000	–11.000	–12.100	–13.310
(=) Receitas líquidas		90.000	99.000	108.900	119.790
(–) Custos dos produtos vendidos		–20.000	–22.000	–24.200	–26.620
(=) Lucro operacional bruto		70.000	77.000	84.700	93.170
(–) Despesas administrativas		–5.000	–5.000	–5.000	–5.000
(–) Despesas comerciais		–4.000	–4.400	–4.840	–5.324
(–) Despesas gerais		–2.000	–2.000	–2.000	–2.000
(=) Lucro operacional (*Ebitda*)		59.000	65.600	72.860	80.846
(–) Depreciação		–25.000	–25.000	–25.000	–25.000
(=) Lucro antes de juros e IR (Lajir)		34.000	40.600	47.860	55.846
(–) Despesas financeiras		–3.825	–2.869	–1.913	–956
(=) Lucro antes do IR (Lair)		30.175	37.731	45.948	54.890
(–) IR (25%)		–7.544	–9.433	–11.487	–13.722
(=) Lucro líquido		22.631	28.298	34.461	41.167
(+) Depreciação		25.000	25.000	25.000	25.000
(=) Fluxo de caixa		47.631	53.298	59.461	66.167
(–) Amortizações		–7.500	–7.500	–7.500	–7.500
(+/–) Investimentos ou desmobilizações de equipamentos	–70.000	0	0	0	30.000
(–) IR (25%) sobre a venda dos ativos					–7.500
(+/–) Mudanças no capital de giro	–25.000	0	0	0	25.000
(=) Fluxo de caixa ao capital próprio – acionistas (FCCP)	–95.000	40.131	45.798	51.961	106.167

Você notou a diferença? Aqui aparecem os juros e as amortizações, reduzindo o fluxo de caixa para o acionista. Entretanto, o investimento feito pelos acionistas não inclui o empréstimo de R$ 30 milhões. O ponto de vista do capital próprio somente leva em consideração o investimento feito pelos acionistas. No capítulo 3 isso vai ficar ainda mais claro.

Resumo do capítulo

O objetivo de uma empresa é a maximização de valor para seus acionistas.

Em finanças, devemos tomar três importantes decisões: investimento, financiamento e dividendos.

Uma empresa pode ser financiada com capital próprio dos acionistas ou capital de terceiros (credores) para realizar seus projetos.

O balanço de uma empresa é um retrato instantâneo de sua situação contábil. As contas circulantes se referem ao curto prazo e as permanentes ao longo prazo.

O orçamento de capital trata dos investimentos a serem feitos pela empresa.

A cuidadosa apuração de resultados permite obter os dados para a elaboração do fluxo de caixa de um projeto.

Os fluxos de caixa podem ser elaborados sob o ponto de vista da empresa (global) e dos acionistas (capital próprio).

Agora que vimos como construir os fluxos de caixa do projeto, estudaremos, a seguir, os modelos determinísticos para a sua avaliação econômico-financeira.

2

Técnicas de análise de projetos: modelos determinísticos

A tomada de decisão sobre a realização de um projeto requer critérios técnicos. A maneira mais eficaz é simular o investimento segundo algum modelo. Dessa forma, confrontam-se os fluxos de caixa gerados com o investimento realizado. Existem diversos modelos de tomada de decisão. Apresentaremos aqui os principais métodos:

- *payback* simples;
- *payback* descontado;
- valor presente líquido (VPL);
- taxa interna de retorno (TIR);
- índice de lucratividade (IL).

Payback simples

O método do *payback* simples leva em conta o tempo de retorno do capital investido. O investidor estabelece um prazo máximo para a recuperação do investimento, que servirá de padrão para a análise da viabilidade do projeto. O valor aplicado é adicionado, período a período (geralmente anual ou mensal), aos fluxos de caixa líquidos gerados, para que se obtenha o tempo de recuperação do investimento inicial. Isso ocorre no período em que a soma dos fluxos de caixa futuros for igual ao investimento inicial. O exemplo 1 pode facilitar a compreensão.

Exemplo 1

Uma empresa considera a realização de um projeto de investimentos com seis anos de duração. O prazo que ela suporta para o *payback* do projeto é de quatro anos. A tabela 1 apresenta os valores para os fluxos de caixa anuais do projeto. Qual o período de recuperação do investimento inicial (*payback*)?

Tabela 1

VALORES PARA OS FLUXOS DE CAIXA ANUAIS DO PROJETO

Ano	0	1	2	3	4	5	6
Fluxos de caixa	(400.000)	+80.000	+90.000	+120.000	+130.000	+100.000	+70.000
Valor acumulado	(400.000)	(320.000)	(230.000)	(110.000)	**20.000**	120.000	190.000

Solução: organiza-se a tabela com três linhas. A primeira com as datas — no nosso exemplo, anos. A segunda com os fluxos de caixa, tomando-se o cuidado de lançar o investimento inicial com sinal negativo, já que é um desembolso. Constrói-se, então, uma terceira linha, a que chamamos de valor acumulado, da seguinte forma:

- o valor acumulado é a soma do fluxo de caixa do período com o valor acumulado do período anterior. Na data zero (ano 0) é o próprio valor do investimento inicial;
- observa-se o período em que o valor acumulado se torna positivo. No exemplo, é antes do quarto ano (no quarto ano o saldo acumulado já é positivo);

- compara-se o período com o prazo máximo suportado pelo investidor.

No exemplo, a recuperação do capital ocorre antes do prazo de quatro anos, o que significa que o projeto deve ser aceito, pois atendeu à condição estabelecida.

Deve-se notar que o método do *payback* simples apresenta alguns problemas:

- não leva em consideração o valor do dinheiro no tempo;
- não leva em conta a distribuição do fluxo de caixa dentro do período de recuperação do investimento;
- não considera os fluxos de caixa após o período de recuperação. Isso pode levar à rejeição de projetos com maior duração e, no entanto, melhor rentabilidade;
- não pode ser comparado com um padrão de rentabilidade, como o custo de capital.

O método pode ser adaptado para um *payback* descontado, que não resolve todos os problemas apresentados mas introduz a taxa de desconto e a ideia do valor do dinheiro no tempo, direcionando a solução para o método do valor presente líquido. É o que veremos a seguir.

Payback descontado

O método do *payback* descontado é um modelo similar ao anterior, exceto pelo fato de considerar uma taxa de atratividade ou de desconto. Ao adicionarmos o custo de capital da empresa ao método do *payback* simples, estaremos considerando o valor do dinheiro no tempo. Descontam-se todos os elementos do fluxo de caixa à taxa definida, trazendo a valor presente, na data zero. Veja o exemplo 2.

Exemplo 2

No exemplo anterior vamos considerar uma taxa de atratividade i = 10% ao ano. O prazo que a empresa suporta para o *payback* do projeto é de quatro anos. Qual o período de recuperação do investimento?

Solução: adiciona-se uma linha de valores presentes dos fluxos de caixa do projeto, à taxa de 10% ao ano. A seguir, calcula-se o valor acumulado (saldo) da mesma forma do *payback* simples.

Ano	0	1	2	3	4	5	6
Fluxos de caixa	(400.000)	+80.000	+90.000	+120.000	+130.000	+100.000	+70.000
Valor presente	(400.000)	72.727	74.380	90.158	88.792	62.092	39.513
Valor acumulado	(400.000)	(327.273)	(252.893)	(162.735)	**(73.943)**	(11.851)	*27.662*

Pode-se observar que, no ano 4, o saldo acumulado do projeto é negativo, o que significa que ele não atende à empresa, já que somente projetos com *payback* descontado de quatro anos devem ser aceitos. O período de recuperação do projeto acima é de seis anos, o que significa que entre o quinto e sexto anos o saldo se torna positivo.

Observações:

- período de *payback* descontado é o tempo de recuperação do investimento, à taxa de juros escolhida;
- esse método se aproxima do valor presente líquido, que veremos a seguir. O valor acumulado ao final do sexto ano, atualizado para a data zero, expresso em itálico na última coluna, é o próprio VPL do projeto.

O *payback* e o *payback* descontado podem ser mais úteis quando usados:

- para desempatar situações de VPLs parecidos, em que a recuperação mais rápida de caixa se torne relevante;
- como um segundo filtro de análise, como medida de risco de liquidez ou generalizando, como um grau de risco do projeto. Com o passar do tempo, as incertezas associadas ao projeto, como as previsões de receitas e os custos correspondentes, tendem a aumentar e, consequentemente, o risco associado;
- em análise de projetos sem maior significado financeiro para o investidor.

Valor presente líquido

Primeiramente, o valor de qualquer projeto de investimento deve ser função de quatro variáveis:

- quanto foi investido;
- quanto ele gera de fluxo de caixa;
- quando o fluxo de caixa deve ocorrer;
- qual o risco associado a esse fluxo de caixa.

O método do valor presente líquido (VPL) também é denominado método do fluxo de caixa descontado. Sua equação é dada pela expressão:

$$VPL = -I + \sum_{t=1}^{n} \frac{FC_t}{(1+r)^t} + \frac{VR}{(1+r)^n} \qquad (1)$$

Onde:

- I é o investimento inicial;
- FC_t é o fluxo de caixa líquido na data "*t*";
- r é o custo de capital definido pela empresa;
- VR é o valor residual do projeto ao final do período de análise (enésimo período).

O método do VPL apresenta estas quatro variáveis juntas por meio do cálculo do valor presente do fluxo de caixa esperado menos o investimento inicial. A figura 5 ajuda a compreender o fluxo de caixa de um projeto:

Figura 5

FLUXO DE CAIXA DE UM PROJETO

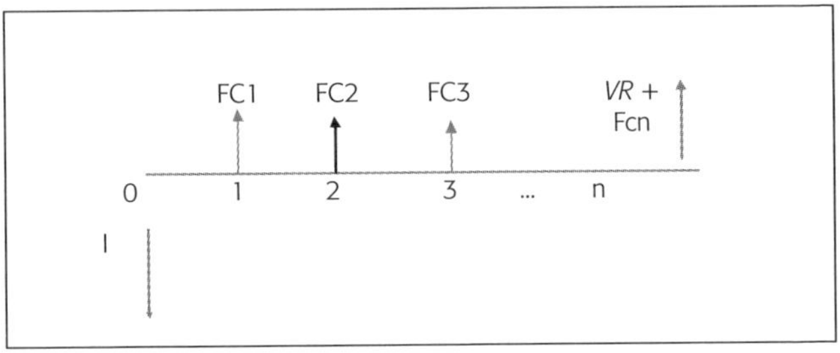

A decisão de investimento com base no método do valor presente líquido é simples e pode ser resumida da seguinte forma:

- VPL > 0, o projeto é aceito;
- VPL = 0, é indiferente aceitar ou não;
- VPL < 0, o projeto é rejeitado.

Se o VPL for positivo, então teremos que na data zero o valor presente de todos os futuros fluxos de caixa, descontados à taxa "*i*", é maior do que o de todo o capital investido. Logo:

- o capital investido é recuperado;
- a remuneração do investimento supera a taxa de atratividade da empresa, "*i*";
- o projeto gera um ganho de riqueza que, na data zero, a valor presente, é representado pelo VPL.

Observações sobre o método:

- o VPL utiliza **fluxos de caixa**, que são os geradores definitivos de **valor**;

- o VPL utiliza **todos** os fluxos de caixa do projeto;
- o VPL **desconta** os fluxos de caixa pela taxa **correta**, que deve indicar o justo valor pelo dinheiro no tempo de acordo com o **risco** assumido no projeto;
- a premissa do VPL é o reinvestimento de todos os fluxos de caixa recebidos no projeto à taxa utilizada para descontá-lo.

O método do valor presente líquido (VPL) faz uma comparação do investimento realizado com o valor presente dos fluxos de caixa gerados pelo projeto. Se observarmos bem, veremos que o método do *payback* descontado da seção anterior faz, período a período, a atualização do saldo (investimento — valor presente do fluxo). Ao chegar ao final, o saldo acumulado do *payback* descontado é, portanto, o próprio valor presente líquido do projeto. Se eles são tão parecidos, por que, então, utilizaríamos o método do VPL? Porque ele leva em conta todos os fluxos de caixa, e não apenas o instante no tempo em que o saldo acumulado se torna positivo. Assim, pode nos dar uma medida de riqueza adicionada (VPL maior que zero) ou destruída (VPL menor que zero).

Os exemplos apresentados a seguir ilustrarão as aplicações do método na tomada de decisão para a realização ou não de projetos.

Exemplo 3

A um investidor é oferecida a oportunidade de abrir uma franquia. O investimento inicial é de R$ 320 mil. O franqueador apresenta a seguinte previsão de fluxos líquidos para os próximos nove anos: R$ 30 mil ao final do primeiro; R$ 50 mil no segundo; R$ 70 mil no terceiro; R$ 90 mil no quarto; R$ 110 mil no quinto; R$ 130 mil sucessivamente do sexto ao nono anos. O custo de oportunidade do capital do investidor é de 15%. Ele deve fazer o negócio?

Solução: primeiro, monta-se o fluxo de caixa do projeto, lançando o investimento inicial como saída de caixa e todos os fluxos de caixa subsequentes como entradas. Utilizando-se a HP-12C, temos:

Limpar memória	320.000	30.000	50.000	70.000	90.000	110.000	130.000	4	15	
f	CHS									F NPV
Clear fin	g CF0	g CFj	g CFj	g CFj	g CFj	g CFj	g CFj	g Nj	i	80.593,26

O valor presente líquido de R$ 80.593,26 significa que o negócio (projeto) é capaz de gerar um excedente de R$ 80.593,26 sobre a melhor alternativa de aplicação existente para o investidor. Nesse caso, ele deve realizar o negócio.

Exemplo 4

Um industrial tem a oportunidade de ampliar sua fábrica. O custo das novas instalações é de R$ 2 milhões. Ele pode depreciá-las linearmente em seis anos, restando um valor residual de 10% do investimento inicial ao final. O negócio será liquidado no sexto ano e as instalações vendidas pelo valor residual de R$ 300 mil. As vendas são projetadas em R$ 800 mil por ano. O custo variável é de 20% das vendas. Os custos fixos anuais são de R$ 150 mil. Determinar o fluxo de caixa operacional e o valor presente líquido do projeto, sabendo que a alíquota de IR é de 35% e que o custo de oportunidade do capital do industrial é de 18% ao ano.

Solução: monta-se o demonstrativo de resultados: R$ (1.000)

	1	2	3	4	5	6
+ Receitas	800	800	800	800	800	800
– Custos variáveis = 0,2 × 800	160	160	160	160	160	160
– Custos fixos	150	150	150	150	150	150
– Depreciação = (2.000 – 200)/6	300	300	300	300	300	300
= Lajir = Receitas – CV – CF – Depreciação	190	190	190	190	190	190
– IR 35%	66,5	66,5	66,5	66,5	66,5	66,5
= Lucro líquido = Lajir – IR	123,5	123,5	123,5	123,5	123,5	123,5
+ Valor residual	–	–	–	–	–	300
– IR do valor residual = 0,35*(300-200)						35
Fluxo de caixa operacional = Lucro líq. + Depreciação + Valor residual líquido	423,5	423,5	423,5	423,5	423,5	123,5+300 265=688,5

Utilizando a calculadora HP 12-C, temos:

Limpar memória	**2.000.000**	**423.500**	**5**	**688.500**	**18**	
f	CHS					F NPV
Clear fin	g CF0	g CFj	g Nj	g CFj	i	-420.600,96

O resultado negativo encontrado para o VPL significa que o projeto não é viável à taxa de 18% ao ano utilizada para descontá-lo. Se o industrial insistir em executá-lo, ele deverá esperar uma perda de riqueza a valor presente de R$ 420.600,96.

Suponha, então, que o industrial tenha acesso a uma linha de financiamento integral pelo BNDES a uma taxa de 9,75% ao ano. É o que apresenta o próximo exemplo.

Exemplo 5

No exemplo anterior, se o industrial obtiver uma linha de crédito do BNDES a juros de 9,75% ao ano, qual o valor presente líquido sob o ponto de vista da empresa?

Solução: utilizando novamente a HP 12-C, temos:

Limpar memória	2.000.000	423.500	5	688.500	9,75	
f	CHS					F NPV
Clear fin	g CF0	g CFj	g Nj	g CFj	i	+9.686,49

Nesse caso, o mesmo projeto passa a ser viável e adiciona riqueza ao industrial, no valor de R$ 9.686,49. Cabe aqui uma observação sobre o empreendimento em questão: ele somente é viável a uma taxa extremamente baixa, o que acentua na decisão de investir o risco da fonte de financiamento. Se em projetos similares, no futuro, o industrial não tiver acesso à mesma taxa, provavelmente não terá bons resultados. Essa dependência de taxas tão baixas pode, a longo prazo, comprometer seu negócio, reduzindo sua competitividade.

Há situações em que o investidor possui fontes de financiamento que mesclam dívida e capital próprio. A taxa adequada para descontar projetos de expansão seria um custo médio de capital, ponderado segundo a utilização de capital próprio e de terceiros. No exemplo 6 apenas apresentamos a taxa para utilização.

Exemplo 6

Seu diretor quer analisar novos projetos de investimento. Como maneira de expandir as atividades da empresa, ele comunica que está em estudo a criação de um site para a comercialização de parte da produção via internet. Apresenta o fluxo de caixa a seguir e pede que você o analise. Sabendo que o Wacc (*weighted average cost of capital* — custo médio ponderado de capital de sua empresa) é de 18% ao ano, analise o projeto de investimento.

Ano	0	1	2	3	4	5	6
Fluxo de caixa (R$)	-300.000	80.000	80.000	80.000	80.000	80.000	70.000 +80.000 (VR)

Solução: utilizando a expressão para o VPL:

$$VPL = -300.000 + \sum_{t=1}^{5} \frac{80.000}{(1+0{,}18)^t} + \frac{150.000}{(1+0{,}18)^6}$$

VPL = R$ 5.738,41. Dessa forma, como o VPL > 0, o projeto deve ser aceito e o investimento será:

- totalmente recuperado;
- remunerado a uma taxa superior a 18% ao ano;
- e a sua riqueza, dessa forma, aumentará em R$ 5.738,41 na data zero, o que é um ganho extra.

O método do VPL é amplamente utilizado para a tomada de decisão sobre investimentos. É importante ressaltar que os fluxos recebidos durante o projeto devem ser reinvestidos à taxa utilizada para descontá-lo. Como isso nem sempre é possível, incorre-se no denominado risco de reinvestimento. Se a taxa de investimento dos fluxos for menor do que a utilizada no cálculo do VPL, este será menor do que o calculado inicialmente. O exemplo seguinte, formulado a partir do anterior, ilustra a questão.

Exemplo 7

No exemplo anterior, se os fluxos de caixa do projeto forem investidos em um fundo que apresente o rendimento líquido de 14% ao ano, qual o novo VPL?

Solução: deve-se levar a valor futuro todos os fluxos recebidos à taxa do fundo, e depois descontar o valor encontrado à taxa do custo de capital da empresa. Assim, teremos:

- investimento: R$ 300 mil;
- valor futuro (na data 6) dos fluxos de caixa recebidos: R$ 682.841,50 (80.000 CHS PMT; 6n; 14 i; FV);
- valor residual na data 6: R$ 70.000,00.

O VPL será:

$$VPL = -300.000 + \frac{682.841,50}{(1+0,18)^6} + \frac{70.000}{(1+0,18)^6} = -21.123,76$$

Como podemos perceber, o projeto deixa de ser interessante, passando a destruir valor. Dessa forma, deverá ser rejeitado. Podemos perceber que o risco de reinvestimento é importante e deve ser levado em consideração na tomada de decisão.

Em um projeto, podemos ter fluxos de caixa negativos em um ano, ou mesmo fluxos nulos. O exemplo seguinte aborda a questão.

Exemplo 8

Suponha que sua empresa esteja analisando um projeto que tenha os fluxos abaixo.

Ano	0	1	2	3	4	5	6
Fluxo de entradas		95.000	110.000	100.000	–		100.000 + 90.000 (VR)
Fluxo de saídas de caixa	–300.000			20.000	–	30.000	

Se o custo de capital for de 12% ao ano, qual o VPL? Solução:

Limpar memória	300.000	95.000	110.000	80.000	0	30.000	190.000	12	
f *Clear fin*	CHS g CFO	g CFj	g CFj	g CFj	g CFj	CHS g CFj	g CFj	i	F NPV +8.692,28

Nota-se que podemos lançar quaisquer fluxos na HP 12-C e obter facilmente o VPL.

A seguir, veremos como proceder uma análise de sensibilidade, variando o custo de capital, para obter vários VPLs. No capítulo 4 esse instrumento será explicado com mais profundidade.

Exemplo 9

Necessito de um financiamento para ampliar minha fábrica. O projeto trará para meus resultados líquidos um incremento mensal de R$ 320 mil pelos próximos cinco anos. Se o investimento necessário for de R$ 10 milhões e o custo de capital for de 2% ao mês, devo realizar o projeto?

Solução: devemos utilizar o método do VPL para analisar o projeto em questão. Logo, o cálculo pode ser feito pela fórmula:

$$VPL = -10.000.000 + \sum_{t=1}^{60} \frac{320.000}{(1+0{,}02)^t} = 1.123.483{,}74$$

O investimento na ampliação deverá ser realizado, pois representa um incremento de riqueza, além da remuneração do capital à taxa exigida.

Exemplo 10

Refaça o problema anterior para as taxas de 2,3% e 2,5% ao mês.

Solução: para a taxa de 2,3% ao mês, teremos

$$VPL = -10.000.000 + \sum_{t=1}^{60} \frac{320.000}{(1+0{,}023)^t} = 357.679{,}08$$

Já para a taxa de 2,5% ao mês, o resultado será

$$VPL = -10.000.000 + \sum_{t=1}^{60} \frac{320.000}{(1+0,025)^t} = -109.229,92$$

A essa taxa, o resultado aponta para a rejeição do projeto.

Observando os exemplos 9 e 10, podemos verificar que, para os mesmos fluxos de caixa, o projeto apresentou resultados diferentes devido ao custo de capital utilizado. À medida que a taxa aumentou, os valores presentes líquidos foram reduzidos, chegando, inclusive, a um valor negativo à taxa de 2,5% ao mês. Podemos intuir que há uma taxa que torna o VPL do projeto igual a zero. Essa é denominada, em finanças, taxa interna de retorno, a seguir apresentada.

Taxa interna de retorno

A taxa interna de retorno (TIR) é a maior concorrente do VPL e possui grande apelo, pois tenta sintetizar todos os méritos do projeto em um único número. A taxa interna de retorno torna o VPL nulo.

$$VPL = -I + \sum_{t=1}^{n} \frac{FC_t}{(1+r)^t} + \frac{VR}{(1+r)^n} = 0 \qquad (2)$$

A figura 6 ilustra a obtenção da taxa interna de retorno. Ela foi conseguida a partir de um gráfico do VPL em função da taxa de desconto. Repare que, à medida que a taxa de desconto aumenta, o valor presente líquido diminui, até que se torna nulo.

Você reparou que o ponto em que o VPL é nulo corresponde à TIR?

Figura 6

VPL EM FUNÇÃO DA TAXA DE DESCONTO

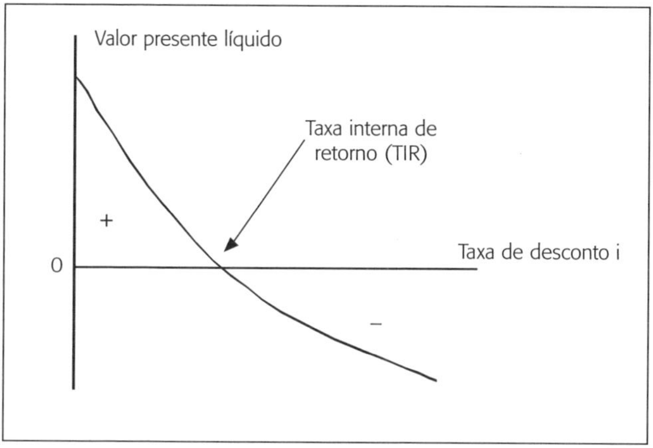

Exemplo 11

Nos exemplos 9 e 10 da seção anterior, qual a taxa interna de retorno?

Solução: utilizando a HP 12-C.

Limpar memória	**10.000.000**	**320.000**	**60**	
f *Clear fin*	CHS g CF0	g CFj	g Nj	F IRR 2,4519%

A interpretação, a partir dos exemplos 9 a 11, é simples. Se a empresa tiver um custo de capital menor que 2,4519% ao mês, o projeto apresentará um VPL positivo e deverá ser aprovado (exemplos 9 e 10 para taxa de 2,3% ao mês). Se tiver um custo de capital maior que 2,4519% ao mês, como no segundo item do exemplo 10, deverá ser rejeitado, pois apresenta VPL negativo.

A taxa interna de retorno aparece, então, como uma referência a ser utilizada para definir a aceitação ou não de um projeto. O exemplo 12 deixará mais claro o papel da TIR na tomada de decisão de investimento.

Exemplo 12

Você está analisando um projeto de investimento que possui os seguintes fluxos de caixa anuais após os impostos:

Ano	0	1	2	3	4
Fluxo de caixa R$ (1.000)	(1.300)	150	380	500	710

Determinar o VPL para um custo de capital de 8% ao ano. Verificar o comportamento do VPL para os seguintes valores de custo de capital: 0%, 4%, 8%, 10%, 12%, 14% ao ano.

Solução: utilizando calculadora financeira ou por meio de planilha eletrônica, temos que o VPL = R$ 83,46.

Para verificar o comportamento do VPL em função das taxas, construímos a tabela 2.

Tabela 2
VALOR PRESENTE LÍQUIDO EM FUNÇÃO DO CUSTO DE CAPITAL

i – Custo de capital	VPL (R$ 1.000)
0%	440,00
4%	246,97
8%	83,46
10%	11,01
12%	(56,03)
14%	(118,16)

O procedimento para a confecção da tabela pode ser facilmente realizado na HP 12-C, apenas alterando a taxa i, como vemos na tabela 3.

Tabela 3

PROCEDIMENTO PARA UTILIZAÇÃO DA HP 12-C

Limpar memória	1.300	150	380	500	710	0	4	8	10	12	14
f	CHS					i	i	i	i	i	i
Clear fin	g CFO	g CFj	g CFj	g CFj	g CFj	f NPV	f NPV	f NPV	f NPV	f NPV	f NPV
Resultados						440,00	246,97	83,46	11,01	-56,03	-118,16

A partir da tabela 3 pode-se traçar o gráfico: o ponto em que a curva corta o eixo das taxas é correspondente à taxa interna de retorno, de 10,318%. O mesmo resultado pode ser obtido por meio do comando f IRR da calculadora HP 12-C. A figura 7 ilustra o problema.

Figura 7

VPL EM FUNÇÃO DO CUSTO DO CAPITAL

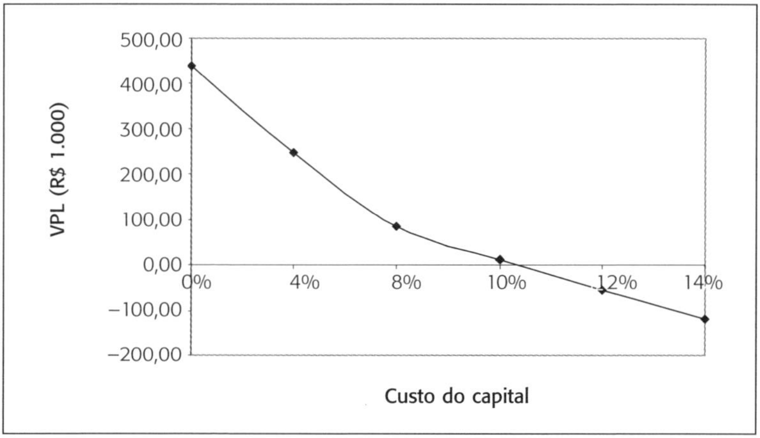

O processo decisório da taxa interna de retorno (TIR) pode, então, ser assim resumido:

- custo de capital < TIR — projeto deve ser aceito (VPL > 0);
- custo de capital = TIR — indiferente aceitar ou não (VPL = 0);

- custo de capital > TIR — projeto deve ser rejeitado (VPL < 0).

Pode-se facilmente perceber que o método da TIR apresenta, segundo o processo decisório apresentado, os mesmos resultados que o VPL. No entanto, pode apresentar problemas tais como:

- seu cálculo é complexo e demanda calculadoras financeiras ou planilhas eletrônicas;
- os fluxos de caixa intermediários devem ser reinvestidos à taxa interna de retorno;
- o método da TIR pode gerar taxas múltiplas de retorno se o fluxo de caixa mudar de sinal mais de uma vez, como veremos abaixo;
- o método da TIR ignora as diferenças de escala, na hora da comparação de dois projetos mutuamente excludentes (ilustrado no final do capítulo).

Mudança de sinais no fluxo de caixa

Exemplo 13

Você recebe um projeto de investimento para analisar. Os fluxos de caixa são os seguintes:

Ano	0	1	2	3	4
Fluxo de caixa	−20.000.000	15.000.000	13.000.000	−20.000.000	3.000.000

O custo de capital é de 10% ao ano.

Limpar memória	20.000.000	15.000.000	13.000.000	20.000.000	3.000.000	10	
f	CHS			CHS		i	f IRR
						f NPV	
Clear fin	g CF0	g CFj	g CFj	g CFj	g CFj	−8.597.090,36	Erro 3

Não existe uma TIR real para esse projeto. Entretanto, o VPL sempre poderá ser calculado e utilizado como método de tomada de decisão de investimento. Esse tipo de fluxo de caixa é comum em projetos de mineração, como ilustra o próximo exemplo.

Exemplo 14

Um projeto de mineração envolve um investimento inicial de R$ 100 milhões, uma renda de R$ 231,5 milhões ao final de um ano e um desembolso de R$ 133 milhões após mais um ano para a recuperação do meio ambiente. Tome sua decisão sob o ponto de vista da taxa interna de retorno (TIR). O custo de capital é de 15% ao ano.

Solução: a TIR é a taxa que zera o VPL.

$$VPL = 0 = -100 + \frac{(231{,}5)}{(1 + TIR)} - \frac{(133)}{(1 + TIR)^2}$$

O problema admite como solução TIR = 5,85% e TIR = 25,65% ao ano, o que é inaceitável como base para decisão em finanças. Se plotarmos o VPL em função das taxas, verificaremos que ele é positivo entre 5,85% e 25,65% e negativo abaixo de 5,85% e acima de 25,65%. Portanto, ele pode ser utilizado como método de decisão, ao contrário da TIR, neste caso. Para o custo de capital de 15% ao ano, o VPL será de R$ 737.240,08. Podemos perceber que o método da TIR apresenta, nesse tipo de projeto, uma dificuldade para sua aplicação. De fato, se utilizarmos a HP 12-C, ela apresentará como resultado uma informação de erro.

Limpar memória	100.000.000	231.500.000	133.000.000	12	
f	CHS		CHS	i	f IRR
				f NPV	
Clear fin	g CF0	g CFj	g CFj	737.240,08	Erro 3

A partir dos exemplos apresentados, podemos resumir as vantagens e desvantagens do emprego do método da TIR na tomada de decisão para a realização de projetos.

Vantagens e desvantagens da TIR

Vantagens:

- o resultado é uma taxa de juros, que pode facilmente ser comparada com o custo de capital;
- muitos executivos financeiros preferem decidir com base em uma taxa de juros e a TIR os atende plenamente.

Desvantagens:

- necessidade de uma calculadora financeira ou planilha eletrônica para se obter a TIR;
- problemas com fluxos de caixa com mais de uma mudança de sinais — pode gerar múltiplas taxas, inviabilizando o seu cálculo;
- problemas com reinvestimento dos fluxos intermediários abaixo da TIR;
- problemas com projetos mutuamente excludentes com diferenças de escala.

A seguir, apresentaremos o índice de lucratividade, que complementa a utilização do VPL no sentido de fornecer uma medida relativa entre o investimento realizado e o valor presente dos fluxos de caixa obtidos com o projeto.

Índice de lucratividade (IL)

O índice de lucratividade é uma medida relativa entre o valor presente dos fluxos de caixa recebidos e o investimento inicial: IL = VP/I ou IL = (VPL + I)/I, sendo o valor do investimento colocado em módulo, ou seja, sempre positivo.

Os resultados possíveis do IL são de fácil compreensão:

- IL > 1 — para cada unidade de investimento, o valor presente dos futuros fluxos de caixa é maior do que 1. Isso significa que o investimento será recuperado, remunerado ao menos à taxa exigida e haverá ainda um aumento de riqueza. É equivalente a dizer que o VPL > 0;
- IL = 1 — para cada unidade de investimento, o valor presente dos futuros fluxos de caixa é igual a 1. Isso significa que o investimento será recuperado, remunerado exatamente à taxa exigida, ou seja, que o VPL = 0;
- IL < 1 — para cada unidade de investimento, o valor presente dos futuros fluxos de caixa é menor do que 1. Isso significa que o investimento não será recuperado, ou seja, não será remunerado à taxa exigida, destruindo valor: VPL < 0.

O critério de decisão é muito simples. O investimento deverá ser aceito se ao menos o IL = 1. Isso significa que a soma dos fluxos de caixa produzidos, descontados pela taxa escolhida, será pelo menos igual ao investimento inicial.

Exemplo 15

Qual o IL do projeto estudado no exemplo 6?

IL = (valor presente dos fluxos de caixa)/(investimento inicial) = 305.738,41/300.000,00 = 1,0191. Coerentemente com o resultado do exemplo 6, o projeto tem IL > 1 e deve ser aceito.

Exemplo 16

Tome sua decisão pelo método do IL no projeto do exemplo 7.

IL= 278.876,24/300.000,00 = 0,9296. Como o IL < 1, o projeto deve ser rejeitado, solução coerente com a do exemplo 7, que apontou VPL < 0.

A situação em que o IL = 1 corresponde ao VPL = 0 e significa que o valor presente de todos os fluxos de caixa é exatamente igual ao investimento inicial. Assim, a taxa que remunera o capital é exatamente obtida, e é, como vimos, a taxa interna de retorno do projeto.

A seguir, são apresentados alguns tipos de projetos de investimento que merecem atenção especial.

Alternativas múltiplas de investimento

Agora que já vimos as principais técnicas de análise de um projeto, cabe analisar se tais técnicas são adequadas e que cuidados devemos tomar ao utilizá-las em um ambiente de múltiplas alternativas de investimento. Para tanto, vamos definir preliminarmente o que são projetos mutuamente excludentes, projetos independentes e projetos dependentes.

Projetos mutuamente excludentes são aqueles em que a escolha por um deles elimina os demais ou todos. No caso de dois projetos A e B, podemos aceitar A ou B ou rejeitar ambos. Não se pode aceitar A e B ao mesmo tempo. Projetos independentes são aqueles cuja aceitação não depende da dos outros projetos. Finalmente, projetos dependentes são os que, ao serem escolhidos, alteram a decisão em relação aos demais do orçamento ou carteira.

Projetos mutuamente excludentes

Os métodos da TIR e do IL ignoram as diferenças de escala, na hora da comparação de dois projetos mutuamente excludentes.

Exemplo 17

Seja um investimento na realização de um projeto imobiliário. Suponha que a construtora possua um terreno e esteja estudando duas opções de investimento:

- construir uma grande residência com investimento total de R$ 1 milhão;
- construir um edifício com investimento total de R$ 10 milhões.

Os projetos são mutuamente excludentes: se decidir construir a residência, não fará o edifício e vice-versa, já que o terreno é o mesmo. O horizonte de ambos os projetos é de um ano. O custo de capital em ambos os casos é de 15% ao ano.

Podemos construir a planilha:

Projetos	Data 0	Data 1	VPL (15% ao ano)	TIR	IL
Residência	−1.000.000	+1.600.000	391.304,35	60%	1,39
Edifício	−10.000.000	+13.000.000	1.304.347,83	30%	1,13

A riqueza aumenta mais no caso do edifício, apesar de a taxa interna de retorno e o índice de lucratividade serem maiores no projeto da residência. Esse é o chamado problema de escala que ocorre com a análise da TIR e do IL. O que é melhor: ganhar mais sobre pouco ou menos sobre muito? O VPL pode resolver isso. O exemplo seguinte, adaptado de Ross e colaboradores (2002), apresenta um método simples que soluciona questões como essa.

Exemplo 18

O projeto de um espetáculo pode ser realizado de duas maneiras: com investimento menor ou mais expressivo. O custo de capital para os projetos é de 22% ao ano. Os fluxos são:

Projeto	Data 0	Data 1	VPL a 22%	TIR	IL
Escala menor	−10.000.000	+38.000.000	21.147.541	**280%**	**3,11**
Escala maior	−20.000.000	+60.000.000	**29.180.328**	200%	2,46

Qual das duas soluções é a melhor? A maior TIR ou o maior VPL? Ou maior IL?

Em problemas desse tipo pode-se adotar tanto a **TIR incremental, VPL incremental** ou **IL incremental.**

Os fluxos incrementais são calculados por meio da diferença entre os fluxos dos dois projetos. O procedimento é ilustrado a seguir.

	Fluxo de caixa na data zero (R$ milhões)	Fluxo de caixa na data 1 (R$ milhões)
Fluxos incrementais de caixa resultantes da escolha do projeto maior	−20 − (−10) = **−10**	60 − 38 = **22**

Cálculo da **TIR incremental**: é a taxa para a qual o VPL = 0. Assim,

0 = −10 milhões + (22 milhões)/(1 + TIR).

Dessa forma, **TIR incremental** = 120%.

Cálculo do **VPL dos fluxos incrementais** de caixa:

VPL incremental = −10 milhões + (22 milhões)/(1,22) = + 8.032.787

ou

29.180.328 − 21.147.541 = + 8.032.787

Cálculo do **IL incremental = (VPL incremental** + 10 milhões)/10 milhões = 1,803

Os dois projetos apresentados são chamados mutuamente excludentes, ou seja, a escolha de um implica a rejeição do outro. Podemos resumir dessa forma os procedimentos que devem ser tomados quando analisarmos projetos mutuamente excludentes:

- comparar os VPLs das duas opções. O VPL do projeto de maior escala é maior que o outro (R$ 29.180.328 comparado com R$ 21.147.541);
- calcular o VPL incremental. Se for positivo, como no caso do exemplo acima, escolheremos o projeto de maior escala;
- calcular o IL incremental. Se for maior que 1, como no caso do exemplo acima, escolheremos o projeto de maior escala;
- pode-se, de outra forma, comparar a TIR incremental com o custo do capital da empresa. Como no exemplo, a TIR incremental igual a 120%, maior que o custo de capital, 22%, implica a escolha pelo projeto de escala maior.

Importante: o analista deve assegurar-se, antes de proceder à análise incremental, se a proposta de menor investimento apresenta um retorno superior ao mínimo exigido. Caso contrário, a análise estará invalidada.

Projetos mutuamente excludentes com horizontes de planejamento diferentes

Todas as técnicas apresentadas até aqui levaram em consideração que os projetos teriam o mesmo horizonte de planejamento ou, simplesmente, a mesma duração. Só que essa situação, por diferenças tecnológicas ou de execução, entre outras, não é a mais frequente na vida real. Temos de efetuar alguns ajustes, e diversos autores, como Souza e coautor (1997) ou Ross e colaboradores (2002), sugerem três maneiras distintas com decisões convergentes:

- calcula-se o VPL de cada projeto e transforma-se o resultado encontrado em uma PMT ou VPL anualizado. A escolha recairá por aquele que apresentar maior PMT;
- igualamos as durações dos empreendimentos usando o mínimo múltiplo comum (mmc), e a decisão poderá ser tomada pelo maior VPL ou maior PMT dos projetos expandidos;
- ante a incerteza inerente ao ramo de atividade, Souza e coautor (1997) sugerem reduzir a duração do projeto maior para o tempo do menor e ajustar o valor residual.

Exemplo 19

Sejam dois projetos mutuamente excludentes com custo de capital igual a 10% ao ano. Qual é o mais atraente?

Valores em R$

Ano	0	1	2	3
Projeto A	–100	+70	+80	+90
Projeto B	–200	+170	+120	

Solução:

- calculamos o VPL do projeto A e o resultado encontrado foi de R$ 97,37, que, anualizado (PMT), forneceu o valor de R$ 39,15. Usando o mesmo procedimento para o projeto B obtivemos respectivamente os valores R$ 53,71 e R$ 30,95. Logo, a decisão será pelo projeto A, de maior PMT.
- calculando o VPL do projeto A expandido para a duração de 6 (mmc de 2 e 3) = 6, obtivemos os valores de $VPL_6 = 170,52$ e $PMT_6 = 39,15$. Usando o mesmo procedimento para o projeto B, obtivemos respectivamente os valores 134,80 e 30,95. Logo, a decisão será pelo projeto A, de maior VPL_6 ou PMT_6.

Exemplo 20

Sejam dois projetos A e B, cujos dados são:

	Projeto A (R$)	Projeto B (R$)
Investimento inicial	80.000,00	60.000,00
Custo operacional anual	16.000,00	24.000,00
Custo de manutenção anual	4.000,00	2.400,00
Valor residual do projeto	10.000,00	6.000,00
Vida estimada	5 anos	4 anos

Qual o projeto mais interessante para a empresa que trabalha com uma taxa mínima de atratividade de 15%?

Solução: calculamos o VPL do projeto A, e o resultado encontrado foi de (R$ 142.071,33), que, anualizado (PMT), forneceu o valor de (R$ 42.382,09). Usando o mesmo procedimento para o projeto B, obtivemos respectivamente os valores (R$ 131.940,91) e (R$ 46.214,33). Logo, a decisão será pelo projeto B, de maior PMT. Você reparou que o VPL do projeto A, neste exemplo, é o maior?

Projetos dependentes

Racionamento de capital, restrição orçamentária ou orçamento de capital limitado a um valor, expressões de mesmo significado, têm a característica de tornar os projetos financeiramente dependentes entre si. Nesse caso, segundo Ross e colaboradores (2002), não se pode classificar os projetos pelo VPL. Os projetos devem ser priorizados pelo índice de lucratividade, IL. O exemplo seguinte, inspirado no trabalho dos referidos autores, ilustra a situação.

Exemplo 21

Seja uma empresa que está considerando o investimento em três projetos. Suponha que a empresa tenha disponíveis R$ 200 milhões para investir. Os dados são:

Projeto	Investimento (R$ milhões)	Fluxo de caixa 1 (R$ milhões)	Fluxo de caixa 2 (R$ milhões)
A	(200)	700	100
B	(100)	150	400
C	(100)	(50)	600

O custo de capital da empresa é de 12,2% ao ano.

Devemos calcular, no caso de racionamento de capital, os índices de lucratividade. Para comparar os métodos, calculamos também os VPLs.

Projeto	Valor presente dos fluxos de caixa gerados	Índice de lucratividade	Valor presente líquido
A	703,32	3,517	503,32
B	451,43	4,514	351,43
C	432,05	4,320	332,05

Como o investimento máximo é de R$ 200 milhões, a empresa deve optar entre o projeto A e os projetos B e C em conjunto. O primeiro é o que tem o maior VPL e seria escolhido segundo esse critério. Entretanto, a soma dos VPLs dos dois outros é maior, direcionando a decisão para eles. Pelo critério do índice de lucratividade, B e C seriam classificados antes de A. Dessa forma, para situações desse tipo, devemos utilizar o IL como método para decisão.

Outros métodos de avaliação

Você, caro leitor, já deve ter ouvido falar na avaliação com base em múltiplos. Denomina-se esse tipo de avaliação como relativa. Na avaliação relativa, o valor de um ativo (negócio, projeto ou empresa) é comparado aos valores atribuídos pelo mercado a ativos comparáveis.

É necessário, portanto, obter ativos comparáveis e seus valores de mercado, e seus múltiplos, como:

- múltiplos de lucros — relação preço/lucro ou *Price/Earnings Ratio* (PE); valor da empresa sobre Lajir ou *Value/Ebit*; valor da empresa sobre lucro antes de juros, impostos, depreciação e amortizações, ou *Value/Ebitda*; valor da empresa sobre fluxo de caixa global;
- múltiplos de valores contábeis — valor da empresa sobre valor patrimonial; valor da empresa sobre valor dos ativos;
- múltiplos de receitas — valor da empresa sobre vendas.

Segundo Damodaran (1997), deve-se identificar o múltiplo a ser adotado, descrevê-lo, analisá-lo e aplicá-lo. O exemplo 22 ilustra a questão.

Exemplo 22

Uma empresa europeia apresenta os seguintes múltiplos:

Múltiplo	Valor
Preço/Lucro	15,2
Valor/Ebitda	10,6
Valor/Vendas	7,1

Você está analisando um projeto de investimento que deverá gerar R$ 1,5 milhão de lucro líquido para sua empresa. Quanto esse projeto deverá agregar de valor a ela?

Solução: se aceitarmos como válido o múltiplo da empresa europeia, o valor agregado pelo projeto à sua empresa será valor = 15,2*1.500.000,00 = R$ 22.800.000,00.

Utilizamos a relação preço/lucro, que dá o valor da empresa por unidade de lucro.

Observação: podemos perceber que a utilização de múltiplos é potencialmente perigosa. Até que ponto é válido transferir relações de um mercado a outro? No entanto, muitos executivos têm utilizado os múltiplos como método de avaliação de ativos. Recomendamos muita cautela na utilização desses modelos.

A seguir, apresentamos um resumo do capítulo.

Resumo do capítulo

Quem apresenta melhor aplicabilidade é o método do valor presente líquido.

A TIR e o IL devem ser utilizados por quem conheça bem seus conceitos e saiba lidar com suas limitações.

O *payback* e o *payback* descontado podem ser mais úteis quando usados como desempate em situações de VPL parecidas, em que a recuperação mais rápida de caixa se torne relevante; um segundo filtro de análise, como medida de risco de liquidez ou generalizando, como um grau de risco do projeto. Com o passar do tempo, as incertezas associadas ao investimento, tais como as previsões de receitas e os custos correspondentes, tendem a aumentar, elevando o risco associado; instrumentos de análise de projetos mais simples, sem maior significado financeiro para o investidor.

Os múltiplos devem ser utilizados com cautela. Podem apresentar distorções devido a diferenças de mercado, e os resultados podem ser desastrosos.

Observação final

Uma pesquisa realizada nos Estados Unidos por Harvey (2001), com os maiores executivos financeiros (CFOs) de 392 das maiores empresas, apontou que cerca de 78% preferem utilizar o VPL e a TIR como métodos de avaliação de projetos. O *payback* simples vem a seguir, com 55%. Como se pode perceber, há executivos que utilizam mais de um modelo para decidir. As razões podem ser, por exemplo, melhor hierarquizar os projetos por meio do desempate com várias técnicas, preferência pessoal ou falta de conhecimento de outros métodos. O fato é que as pessoas que tomam as decisões de investimento das maiores empresas norte-americanas utilizam como critérios os modelos apresentados neste livro.

No próximo capítulo trataremos do custo de capital para projetos. É nele que devemos aprender a encontrar a justa remuneração pelo risco incorrido em um investimento. Estudaremos também a utilização de capital próprio e de terceiros e suas consequências para a análise da viabilidade econômico-financeira de projetos.

3

Custo de capital próprio e custo médio ponderado de capital

Apresentaremos neste capítulo o custo de capital para projetos. Para tanto, devemos aprender a encontrar a justa remuneração pelo risco incorrido em um investimento. Abordaremos também a utilização de capital próprio e de terceiros e as consequências para a análise da viabilidade econômica e financeira de projetos.

Como vimos no capítulo 1, o principal objetivo dos executivos de uma empresa deve ser o de maximizar o retorno do capital empregado pelos acionistas, aumentando a sua riqueza. Esses recursos próprios para investimento são limitados, para que os gerentes de projeto encontrem opções de investimento com retorno que atendam às expectativas dos acionistas.

As empresas também podem utilizar capital de terceiros, ou seja, empréstimos em instituições financeiras. Isso pode trazer bons resultados aos acionistas. Para as pessoas físicas, em especial no Brasil, fica difícil ver essa vantagem. O exemplo 1 ilustra a situação, que será abordada com profundidade mais à frente.

Exemplo 1

Um projeto demanda R$ 100 mil e pode ser implantado com a utilização de 100% de recursos próprios (alternativa A) ou 50% de recursos próprios e 50% de recursos de terceiros a um custo de 20% ao ano (alternativa B).

	Alternativa A	Alternativa B
Capital próprio	100.000,00	50.000,00
Capital de terceiros	0	50.000,00
Lajir	30.000,00	30.000,00
Juros	0	10.000,00
Lair	30.000,00	20.000,00
IR (10%)	3.000,00	2.000,00
Lucro líquido	27.000,00	18.000,00

O retorno sobre o capital próprio empregado na alternativa B é de 36% (18.000,00/50.000,00), enquanto na alternativa A é de 27% (27.000,00/100.000,00). A alternativa B também permite que o acionista utilize R$ 50 mil para investir em outro(s) projeto(s). Nas duas alternativas o retorno do projeto em si é o mesmo, R$ 30 mil antes do IR.

Justifica-se a remuneração inferior do capital de terceiros pelo fato de que o nível de risco a que o capital está exposto é inferior ao nível de risco assumido pelo acionista. Este último deverá ter uma remuneração maior, uma vez que o retorno sobre capital próprio depende do resultado do negócio como um todo. O capital de terceiros recebe uma remuneração fixa, independentemente do resultado, na forma de juros. Além disso, o capital de terceiros é coberto por garantias oferecidas aos credores, enquanto o capital próprio não possui garantia alguma. Você notou que a utilização de dívida gerou menos IR? Mais adiante esses conceitos serão aprofundados.

Custo do capital próprio

A análise da viabilidade econômico-financeira de projetos de investimentos é efetuada mais frequentemente pelo método do valor presente líquido (VPL), como vimos. Quando o investimento é realizado somente com a utilização de capital próprio, o cálculo do VPL é realizado descontando os fluxos de caixa esperados aos acionistas. Para isso, deve-se utilizar a taxa de retorno obtida em alternativa de investimento cujo retorno tenha perfil de risco semelhante ao do projeto considerado. Essa taxa é denominada taxa de desconto, taxa mínima de atratividade, custo de oportunidade do capital próprio ou simplesmente custo do capital próprio. Esta última denominação explica-se pelo fato de ser o retorno mínimo que o acionista espera ou exige obter com o investimento no projeto.

Se, por exemplo, um investidor realizar um empreendimento com perfil de risco semelhante ao de uma determinada carteira de ações cujo retorno esperado seja de 15%, esse será o custo de capital apropriado para descontar os fluxos de caixa do projeto.

Podemos também comparar o custo de capital próprio com a taxa interna de retorno (TIR) do projeto. O cálculo da taxa de desconto a ser empregada depende de características do setor objeto do investimento. Para tanto, existem modelos que calculam o custo do capital próprio, como veremos a seguir.

Métodos para estimar o custo de capital próprio

Um dos modelos teóricos mais aceitos para se estimar o custo de capital próprio é o *capital asset pricing model* (CAPM). Antes de se descrever cada um dos seus componentes, é necessário introduzir os conceitos de risco, diversificação e a relação entre risco e prêmio de risco associado.

Medidas de risco: variância e desvio-padrão

A forma mais utilizada para medir o risco de um ativo ou carteira é o cálculo da variância ou desvio-padrão dos seus retornos. Essas duas medidas expressam a variabilidade dos retornos. Quanto maior a variabilidade (dispersão), maior o risco.

Na figura 8 apresenta-se o formato da distribuição de probabilidade dos retornos de dois ativos hipotéticos I e II. Nota-se que a dispersão dos retornos do ativo II é maior e, portanto, deve-se considerá-lo um ativo com maior risco do que I.

Figura 8

Distribuição de probabilidades de retorno

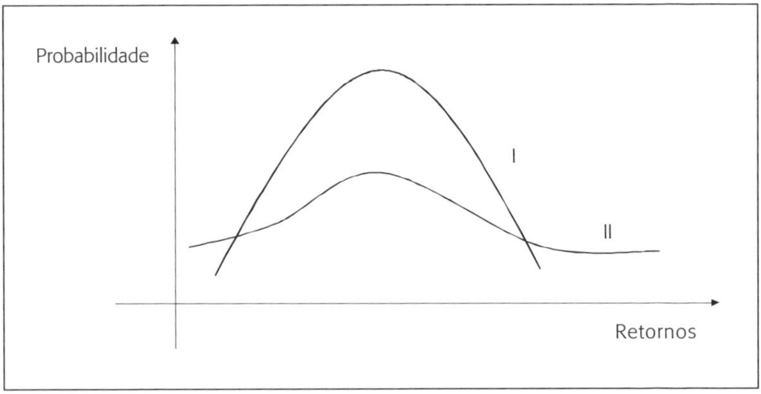

A variância dos retornos de um ativo pode ser calculada por meio da fórmula adaptada de McClave e colaboradores (2005):

$$\text{Variância} = \sigma_i^2 = \sum_{i=1}^{n} p_i (R_i - E[R_i])^2 \quad (3)$$

Onde:

σ_i^2 = variância dos retornos do ativo i; R_i = retorno observado do ativo i;

$E[R_i]$ = valor esperado do retorno do ativo i;
$E[R_i] = p_1R_1 + p_2R_2 + \ldots\ldots + p_n R_n$, onde $p_1 + p_2 + \ldots\ldots + p_n = 1$ probabilidade de ocorrência do retorno.

O desvio-padrão do retorno de um ativo é a raiz quadrada da variância do retorno deste ativo.

Exemplo 2

Suponha que você tenha a opção de investir R$ 100 mil e que, dependendo do que aconteça no futuro, existam três possíveis retornos para o investimento, cada um com uma probabilidade de ocorrência:

Cenário	Retorno	Probabilidade de ocorrência
A	40%	25%
B	10%	50%
C	–20%	25%

Podemos calcular a variância e o desvio-padrão dos retornos dessa alternativa de investimento:

- valor esperado do retorno (retorno médio) — $E[R_i] = 0{,}25 \times 40\% + 0{,}5 \times 10\% + 0{,}25 \times (-20\%) = 10\%$;
- variância dos retornos — $\sigma^2 = 0{,}25 \times (40\% - 10\%)^2 + 0{,}5 \times (10\% - 10\%)^2 + 0{,}25 \times (-20\% - 10\%)^2 = 0{,}045$;
- desvio-padrão dos retornos — $\sigma = 21{,}21\%$.

Como o desvio-padrão tem a mesma unidade dos retornos (percentual), essa é a medida mais utilizada para o risco do retorno de um ativo. Pode-se dizer, no caso acima, que a variabilidade dos retornos (dispersão), em relação à média, dessa alternativa de investimento é de 21,21%.

Suponha agora que você possui uma segunda alternativa para investir os mesmos R$ 100 mil. Nessa alternativa os retornos possíveis são:

Cenário	Retorno	Probabilidade de ocorrência
A	70%	25%
B	10%	50%
C	–50%	25%

Nesse caso, o retorno esperado é o mesmo da alternativa anterior (10%), mas o desvio-padrão é de 42%, ou seja, o dobro. Conclui-se, portanto, que a segunda alternativa de investimento é mais arriscada que a primeira.

Na prática, a determinação das probabilidades de ocorrência dos retornos não é uma tarefa simples. Assim, pode-se utilizar a variância e o desvio-padrão calculados a partir de uma amostra dos retornos passados do ativo como uma estimativa para o seu risco. Pode-se simplificar a fórmula da variância para:

$$\text{Variância} = \sigma_i^2 = \frac{\sum_{t=1}^{n}(R_i - E[R_{it}])^2}{(n-1)} \qquad (4)$$

Onde:

n = número de observações do retorno do ativo i; R_{it} = retorno do ativo i verificado no período t, e $E[R_{it}]$ = média dos retornos.

É razoável considerar ativos com maior variabilidade dos retornos no passado, mais arriscados no futuro. A seguir, veremos o importante conceito de diversificação, uma forma de reduzir o risco total de um grupo ou carteira de ativos.

Diversificação e redução do risco

Assim como são calculados o retorno esperado, a variância e o desvio-padrão dos retornos de um ativo, pode-se também obter essas mesmas medidas para o caso de uma carteira formada por diversos ativos. O retorno esperado de uma carteira de ativos é a média ponderada, pelo peso de cada ativo na carteira, dos retornos de cada um.

$$E[R_p] = x_1 E[R_1] + x_2 E[R_2] + \ldots\ldots + x_n E[R_n] \qquad (5)$$

Onde:

$E[R_p]$ = retorno esperado da carteira p; $x_1, x_2, \ldots, x_n$ = peso de cada ativo i na carteira p;

$E[R_i]$ = retorno esperado do ativo i.

Quando olhamos para uma carteira, não está correto o procedimento de simplesmente se ponderar as variâncias de cada ativo individualmente pelo seu peso na carteira.

Uma das formas para se chegar à variância correta dos retornos da carteira (σ^2_p) é se calcular a média dos quadrados dos desvios dos seus retornos com relação ao retorno médio. Assim, suponha uma carteira formada por dois ativos A e B, com pesos iguais, e duas possibilidades de ocorrência de retorno:

Cenário	Probabilidade	Retorno ativo A	Retorno ativo B
I	30%	10%	25%
II	70%	18%	–5%

Cálculo do retorno esperado de cada ativo:

$$E[R_A] = 10\% \times 0,3 + 18\% \times 0,7 = 15,6\%$$

$$E[R_B] = 25\% \times 0,3 - 5\% \times 0,7 = 4\%$$

Cálculo do retorno esperado da carteira composta por metade do ativo A e metade do ativo B:

$$E[R_p] = 0,5 \times 15,6\% + 0,5 \times 4\% = 9,8\%$$

Cálculo do retorno da carteira:

$$\text{Cenário I: } R_{pI} = 0,5 \times 10\% + 0,5 \times 25\% = 17,5\%$$

$$\text{Cenário II: } R_{pII} = 0,5 \times 18\% - 0,5 \times 5\% = 6,5\%$$

Cálculo da variância do retorno da carteira, para os dois cenários.

$$\text{Variância} = \sigma_i^2 = \sum_{i=1}^{n} p_i (R_i - E[R_i])^2 \qquad (6)$$

Dessa forma, para os dois cenários anteriores, I e II: $\sigma^2_p = p_I (R_{pi} - E(R_p))^2 + p_{II} (R_{pii} - E(R_p))^2$, onde p_I e p_{II} são, respectivamente, as probabilidades de ocorrência dos cenários I e II. Substituindo, temos:

$$\sigma^2_p = 0{,}3\ (17{,}5\% - 9{,}8\%)^2 + 0{,}7\ (6{,}5\% - 9{,}8\%)^2 = 25{,}41\ (\%)^2$$

Para o cálculo do desvio-padrão, basta se extrair a raiz quadrada, obtendo-se $\sigma_p = 5{,}04\%$.

Para ilustrar o conceito de que diversificação reduz o risco apresenta-se, na tabela 4, o caso real do Standard and Poor's *corporate index* (S&P 500), que representa uma carteira formada pelas ações das 500 maiores empresas americanas. Nesse caso, têm-se os seguintes resultados para o cálculo do desvio-padrão nos respectivos períodos de tempo.

Tabela 4

RISCO MEDIDO PELO DESVIO-PADRÃO DOS RETORNOS DO S&P 500

Período	Desvio-padrão do S&P 500 (%)
1926-1930	21,7
1931-1940	37,8
1941-1950	14
1951-1960	12,1
1961-1970	13
1971-1980	15,8
1981-1990	16,5
1991-2000	13,4

Fonte: Brealey e Myers, 2003.

A título de comparação, a tabela 5 apresenta os valores para o desvio-padrão de ações de companhias específicas.

Tabela 5

RISCO MEDIDO PELO DESVIO-PADRÃO DOS RETORNOS DE ALGUMAS COMPANHIAS DO S&P 500

Ação	Desvio-padrão	Ação	Desvio-padrão
Amazon.com	110,6	General Electric	26,8
Boeing	30,9	General Motors	33,4
Coca-Cola	31,5	McDonald's	27,4
Dell Computer	62,7	Pfizer	29,3
Exxon Mobil	17,4	Reebok	58,5

Fonte: Brealey e Myers, 2003.

Como se pode observar, o desvio-padrão do retorno de uma carteira diversificada é, em geral, menor que o desvio-padrão dos retornos de cada um dos ativos considerado individualmente. Ou seja, a diversificação reduz a variabilidade do retorno da carteira uma vez que os preços e, consequentemente, os retornos individuais variam em intensidade e direções diversas.

Diz-se que não há correlação perfeita entre os ativos. Assim, em uma série de ocasiões o aumento do retorno de um ativo é acompanhado pela queda de outro(s). Há uma compensação de parte dos riscos individuais. Essa é uma importante conclusão em finanças, muito útil para a análise econômico-financeira de projetos. A seguir, abordaremos os tipos de risco que influenciam na obtenção da taxa de desconto.

Risco específico e risco de mercado

O risco que pode ser reduzido pela diversificação é denominado diversificável ou não sistemático. Em geral, são riscos associados a um ativo específico ou grupos de ativos determinados. Por exemplo, alterações na regulação do setor elétrico têm impacto significativo sobre o valor das ações das empresas do setor.

O risco que não pode ser reduzido por meio da diversificação é denominado não diversificável, sistemático ou de mercado. Esse tipo de risco é associado a fatores que afetam todos os ativos no mercado. Podemos citar como exemplo os fatores macroeconômicos, tais como crescimento ou recessão econômica, inflação e comportamento do câmbio, entre outros.

Uma carteira diversificada, composta por vários ativos, de tal forma que o risco diversificável tenda a zero, será representativa do mercado. A carteira de mercado possui apenas o risco sistemático ou não diversificável. Na figura 9 tem-se uma representação de como o número de ativos em uma carteira afeta seu nível de risco dos retornos.

Figura 9

Diversificação

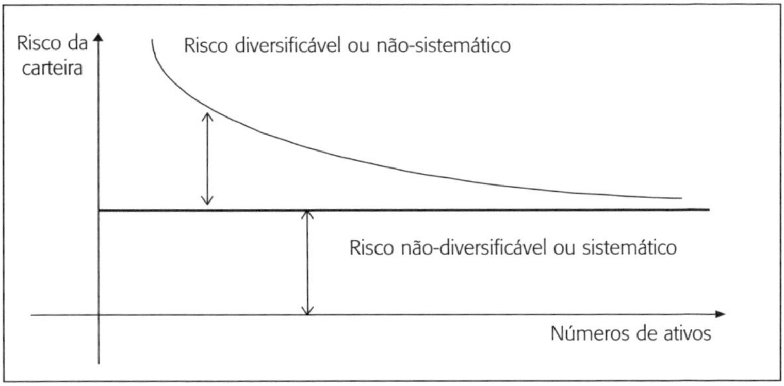

Existe uma relação entre risco e retornos. De fato, faz sentido esperar ou exigir retornos maiores para correr riscos mais elevados. A seguir estudaremos esse importante tópico.

Relação entre risco e retorno esperado: prêmio de risco associado

Um princípio básico da teoria de finanças que se verifica na prática é o fato de que quanto maior é o risco associado a um ativo maior deverá ser o seu retorno esperado. A partir desse conceito, pode-se definir prêmio de risco associado a um ativo como a diferença entre o retorno desse ativo e o de um ativo sem risco (títulos da dívida pública federal, por exemplo).

A tabela 6 mostra o retorno nominal médio anual de diversos ativos e carteiras no período 1926-97 nos EUA. Apresenta, também, o seu prêmio de risco associado em comparação com um ativo sem risco.

Tabela 6

RETORNOS E PRÊMIOS DE RISCO PARA DIVERSOS ATIVOS DO MERCADO NORTE-AMERICANO ENTRE 1926 E 1997

Ativos/Carteiras	Retorno nominal médio anual (%)	Prêmio de risco médio (%) = Retorno nominal médio anual – taxa livre de risco
Treasury bills – Títulos de curto prazo do governo americano (taxa livre de risco)	3,8	0
Títulos do governo de longo prazo	5,6	1,8
Títulos de empresas	6,1	2,3
S&P 500	13,0	9,2
Carteira formada com ações de empresas pequenas	17,7	14,2

Fonte: Brealey e Myers, 2000:156.

Nesse caso, consideram-se ativo sem risco os *treasury bills* — títulos da dívida do governo americano com prazo inferior a um ano, uma vez que os preços desses títulos são estáveis e não existe risco de inadimplência do emissor. Funcionam, portanto, como uma referência básica de remuneração pelo capital investido, sem risco.

O modelo CAPM

A intuição associada ao CAPM é simples: um investimento deve render no mínimo o mesmo que uma aplicação sem risco, mais o justo prêmio pelo risco a ele associado. Para estimar o custo de capital próprio associado a um investimento, o modelo CAPM assume que o único fator de risco relevante a ser considerado é o risco de mercado refletido no setor. Dessa forma, o modelo pode ser representado pela expressão

$$R_e = R_f + [E[R_m] - R_f] \times \beta \quad (7)$$

onde:

R_e = retorno mínimo esperado ou exigido pelo acionista, também denominado custo de capital próprio;
R_f = taxa livre de risco, que é o retorno de um ativo sem risco;
$E[R_m]$ = retorno esperado de uma carteira representativa de mercado;
$[E[R_m] - R_f]$ = prêmio pelo risco da carteira representativa do mercado;
β = nível de risco não diversificável ou sistemático do investimento em relação ao risco da carteira de mercado. É uma medida estatística de longo prazo, ligada ao comportamento dos retornos do ativo ou setor em relação a variações nos retornos do mercado como um todo.

A fórmula do beta é dada por

$$\beta_i = \frac{Cov(R_i, R_m)}{\sigma^2(R_m)} \quad (8)$$

onde:

$Cov\ (R_i \,.\, R_m)$ = covariância do retorno do ativo em relação ao retorno do mercado;
R_m = retorno da carteira de mercado. A título de exemplo, pode ser o retorno de um índice abrangente, por exemplo, o Índice Brasil (IBX), composto pelas 100 ações mais negociadas na Bovespa;
R_i = retorno do ativo individual (uma empresa).

Quando os retornos do ativo *i* e da carteira de mercado se movem na mesma direção, a covariância é positiva. Se os retornos forem não correlacionados, a covariância é zero. Se os retornos se moverem em direções opostas, ambos, o coeficiente de correlação e a covariância, são negativos.

Neste livro apenas apresentaremos o conceito e sua aplicação, sem nos determos nas questões estatísticas envolvidas. Sugerimos a leitura de Ross e coautores (2002), em especial, o capítulo 10.

Como exemplo, aplicando-se a metodologia descrita acima para o cálculo de risco país e risco cambial e considerando-se um período de referência de 10 anos, pode-se chegar a uma estimativa de prêmio de risco país no intervalo de 8%-10%, enquanto o prêmio por risco cambial estaria na faixa de 0,2% a 1,5%.

Para a correta utilização deste modelo devem ser estimados a sensibilidade do retorno do investimento às variações dos retornos da carteira de mercado (β) e o prêmio de risco da carteira de mercado $[E[R_m] - R_f]$. Uma tabela com betas por setores será apresentada adiante. A seguir, estudaremos o retorno de um ativo sem risco.

Retorno de um ativo sem risco (R_f)

Considera-se um ativo sem risco aquele que não é passível de inadimplência por parte do emissor e cuja remuneração possa ser prevista com certeza, ou seja, permaneça inalterada nos diversos futuros possíveis. Um exemplo, como vimos, são as *treasury bills*, títulos da dívida do governo americano com prazo inferior a um ano.

Note que o prêmio de risco associado a um ativo sem risco é igual a zero, como se pode verificar na tabela 6 apresentada.

Retorno esperado de uma carteira representativa do mercado

A teoria do CAPM parte da premissa de que é possível se construir uma carteira de ativos que seja uma representação aproximada do conjunto total de ativos com risco da economia. A média dos retornos passados de empresas ou setores que a compõem, ponderados pelos seus respectivos pesos, seria uma boa estimativa para o seu retorno esperado.

Por meio da escolha adequada da participação de cada ativo na carteira de mercado, o componente de risco diversificável da carteira tenderia a zero. Portanto $[E[R_m] - R_f]$ representa o prêmio para o investidor por assumir risco não diversificável ou sistemático. Em outras palavras, seria a rentabilidade média obtida na aplicação a longo prazo em uma carteira representativa da economia em questão, acima das históricas taxas livres de risco. Esse conceito é muito importante, pois servirá de base para decisões de investimento em projetos que terão a duração de muitos anos, não sendo correta a utilização de taxas de curto prazo para sua análise de viabilidade.

Um exemplo de carteira representativa do mercado seria o Standard and Poor's *corporate index* (S&P 500), formado pelas ações das 500 maiores empresas americanas. A título de exemplo, na tabela 6 apresentada, tem-se como estimativa do prêmio de risco desta carteira o valor de 9,2% para o período 1926-1997.

Conceitualmente, o β da carteira representativa do mercado é igual a 1. Assim, o β expressa se o retorno do investimento tem maior ou menor variabilidade do que os retornos da carteira de mercado. No primeiro caso, o ativo teria um β maior que 1 enquanto no segundo caso o β seria menor que 1.

Sendo um investimento financiado com 100% de recursos próprios do acionista, o β representa os diversos tipos de risco sistemático relacionados ao negócio em questão.

O risco β do negócio pode ser definido como a incerteza que não pode ser eliminada pela diversificação em relação aos futuros retornos esperados em um setor ou negócio.

O modelo CAPM para o Brasil

Devido à inexistência de séries históricas de retornos do mercado de capitais brasileiro com período adequado, ao baixo volume de negociação dos ativos e a outros problemas de natureza institucional do mercado, a estimativa do prêmio de risco de mercado e dos betas para ativos a partir de dados nacionais fica comprometida. Assim, algumas adaptações são necessárias para a correta utilização do importante modelo CAPM no Brasil.

Numa primeira alternativa, pode ser usada uma versão modificada do CAPM na qual se utiliza o prêmio de risco para o mercado americano em dólares e o β para ativos americanos, adicionando-se ao modelo o prêmio de risco associado às especificidades do Brasil: o prêmio de risco país.

O modelo CAPM modificado seria

$$R_e = R_f + \beta_{i*} [E[R_m] - R_f] + R_b \qquad (9)$$

onde: R_b = risco Brasil.

Para se ajustar o risco de investir no Brasil em comparação com economias estáveis como a norte-americana, é necessário que se estime o risco país (R_b). Esse componente de risco, segundo Frankel (1991), deve captar todas as barreiras à integração dos mercados financeiros como os custos de transação e informação, controle de capitais, leis de tributação discriminatórias, riscos de moratória e controles cambiais.

Pode-se definir o prêmio de risco país como o prêmio de risco soberano do Brasil: o *spread* (diferença) que um título de renda fixa do governo brasileiro denominado em dólares paga sobre a taxa livre de risco dos EUA.

Ultimamente, o mercado financeiro internacional tem adotado cada vez mais o *emerging markets bond index* (Embi), um índice composto de diversos bônus calculado pelo J. P. Morgan Bank, como o indicador do prêmio de risco soberano de diversos países. Para o Brasil existe o Embi + BR, que é composto de uma carteira de títulos brasileiros e já considera o *spread* sobre a taxa de juros de títulos do governo americano com o mesmo prazo.

As séries utilizadas para se estimar o modelo CAPM, tradicional ou modificado, devem ser amostras referentes ao mesmo período, escolhido de acordo com o prazo de maturação do investimento em análise.

Uma outra alternativa de adaptação do CAPM pode ser a utilização de betas de setores industriais, ajustados para o Brasil. Os outros dois componentes do CAPM — a taxa livre de risco e o prêmio pelo risco da carteira de mercado — merecem um cuidado ainda maior. Segundo Leal (2002), em seu trabalho sobre o custo de capital no Brasil, as alternativas como taxa livre de risco, apesar das limitações, poderiam ser a Selic (indexador de mais de metade da dívida do governo), a taxa da caderneta de poupança ou o rendimento esperado de um fundo DI para investidores individuais. Garcia e Bonomo (2001), por sua vez, recomendam o uso de uma taxa *overnight* como taxa livre de risco no Brasil.

O prêmio pelo risco da carteira de mercado, para investidores globalizados (com acesso a outros mercados e não apenas ao brasileiro), sejam eles brasileiros ou não, segundo Leal (2002), seria 8,2% ao ano em dólares.

O quadro 6 apresenta um sumário das vantagens e desvantagens da utilização do modelo CAPM para estimativa do custo de capital próprio.

Quadro 6

VANTAGENS E DESVANTAGENS DO MODELO CAPM

Vantagens	Desvantagens
Considera o risco sistemático do investimento no setor.	Dificuldade para se estimar o prêmio por risco de mercado e o coeficiente β.
Pode ser aplicado a empresas cujos dividendos não cresçam a uma taxa constante.	Uso de informações passadas para prever o futuro.

A seguir apresentaremos o modelo de dividendos de Gordon, também utilizado para o cálculo do custo do capital próprio.

O modelo de dividendos de Gordon

Outra forma de se estimar o custo de capital próprio para o acionista seria a consideração do retorno mínimo esperado a partir dos fluxos de caixa associados às ações. Esses fluxos aos acionistas seriam os dividendos recebidos, constantes ou crescentes, como veremos a seguir.

Pagamento de dividendos constantes: perpetuidade

Nesse caso, a premissa é de que os dividendos pagos sejam constantes ao longo do tempo, ou seja, apresentem crescimento igual a zero. Logo:

$$D_1 = D_2 = D_3 = \ldots\ldots = D_n \qquad (10)$$

Assim, $R_e = (D/P_0)$, onde:
R_e = retorno mínimo esperado ou custo do capital próprio;
D = dividendo esperado;
P_0 = preço da ação hoje.

Entretanto, os dividendos podem ser crescentes a uma taxa constante, como veremos.

Pagamento de dividendos com crescimento constante: perpetuidade crescente

Nesse caso, considera-se que o fluxo de caixa do pagamento de dividendos cresce a uma taxa constante, ou seja:

$$D_t = D_0 (1+g)^t$$

Dessa forma,

$$R_e = (D_{t+1}/P_t) + g \qquad (11)$$

onde:
g é constante e representa a taxa de crescimento dos dividendos;
D_{t+1} = dividendos projetados para o período seguinte;
P_t = preço da ação no período anterior ao pagamento de dividendos.

A taxa g pode ser estimada por meio do histórico dos dividendos distribuídos ou pela utilização da previsão feita por especialistas. O quadro 7 apresenta as vantagens e desvantagens desse modelo para se estimar o custo do capital próprio.

Quadro 7

Vantagem e desvantagens do modelo Gordon

Vantagem	Desvantagens
Simplicidade no cálculo	Aplicável somente a empresas que distribuem dividendos Assume que os dividendos cresçam a uma taxa constante O custo de capital próprio resultante da estimativa é muito sensível à taxa de crescimento dos dividendos considerada Não considera o risco do investimento

Os dois modelos de cálculo do custo do capital próprio apresentados são muito utilizados. Segundo Harvey (2001), 73,50% dos executivos financeiros de 392 das maiores empresas americanas utilizam o CAPM como método de cálculo do custo do capital próprio. O modelo de dividendos é utilizado, de acordo com o mesmo autor, por 15,74% daqueles executivos.

Os exemplos a seguir ilustram os modelos CAPM e Gordon.

Exemplo 3

Suponha que as ações da cia. B tenham um beta de 0,94. O prêmio por risco da carteira de mercado é de 7,5% ao ano e a taxa livre de risco é de 11,7% ao ano. Qual é o custo do capital próprio da companhia?

Solução: utilizando a fórmula do CAPM, $R_e = R_f + \beta_i\,[E[R_m] - R_f]$, temos

$$R_e = 11{,}7 + 0{,}94\,[7{,}5\%] = 18{,}75\% \text{ ao ano}$$

Exemplo 4

Na companhia do exemplo anterior, o último dividendo (D0) foi de R$ 2,11 por ação. A taxa de crescimento perpétuo dos dividendos é de 6,4%. As ações estão cotadas a R$ 24,50. Qual é o seu custo do capital próprio?

Solução: devemos utilizar o modelo Gordon.

Dessa forma, $R_e = (D_1/P0) + g$. Deve-se calcular o dividendo projetado para o próximo ano, incluindo na fórmula e obtendo:

$$R_e = (2{,}11 * 1{,}064)/24{,}50) + 0{,}064 = 0{,}1556 = 15{,}56\% \text{ ao ano}$$

Note que obtivemos duas taxas diferentes para a mesma empresa. O modelo CAPM leva em conta o risco, enquanto o Gordon considera o fluxo de dividendos. O primeiro é mais robusto.

A seguir, estudaremos o custo de capital de uma empresa quando ela utiliza também capital de terceiros (credores).

Custo médio ponderado de capital

Como vimos no capítulo 1, além do capital próprio do acionista, podem ser utilizados capitais de terceiros para o financiamento de um investimento. Nesse caso, o custo de capital a ser utilizado para cálculo do VPL ou comparação com a TIR do investimento é uma média ponderada entre o custo de capital próprio e de terceiros. Isso é válido para investimentos com perfil de risco semelhante ao da empresa como um todo. Esse modelo denomina-se *weighted average cost of capital* (Wacc), ou custo médio ponderado de capital (CMPC).

Como vimos, em geral o custo de capital de terceiros é inferior ao custo de capital próprio, já que o primeiro está exposto a um risco menor. Enquanto o acionista só terá retorno se o resultado final do negócio for positivo, o capital de terceiros recebe sua remuneração fixa (juros) logo após a cobertura dos custos operacionais. Além do custo menor ou, em outras palavras, remuneração menor exigida pelo capital de terceiros, o pagamento de juros origina um benefício fiscal que reduz o custo do endividamento e, em consequência, o custo do capital como um todo. Pode-se então definir o custo de capital como

$$\text{Wacc} = (E/V) \times R_e + (D/V) * R_d * (1 - T) \qquad (12)$$

onde:

E = valor de mercado do capital próprio da empresa;

D = valor de mercado das dívidas de longo prazo da empresa;

V = E + D = capital total da empresa;
E/V = proporção de capital próprio em relação ao capital total;
D/V = proporção de capital de terceiros em relação ao capital total;
T = alíquota de imposto de renda pessoa jurídica para apuração de lucro real;
1 – T = benefício fiscal.

O custo do capital de terceiros deve refletir da forma mais realista possível o mercado local de financiamento. Assim, pode-se calcular esse custo a partir das últimas emissões de dívida da empresa em questão ou por meio do prêmio de risco associado ao seu setor. Esse prêmio deverá considerar riscos de crédito e cambial, os custos de emissão e colocação da dívida e o risco Brasil menos o risco de moratória do país (já está considerado o risco de inadimplência da empresa).

Restrições ao emprego do custo médio ponderado de capital (Wacc)

O Wacc somente pode ser utilizado como taxa para descontar projetos que estejam ligados ao foco da empresa: aumento de escala, uma nova filial, expansão etc. Afinal, o benefício fiscal somente ocorrerá na empresa que tomou os recursos emprestados. Assim, uma montadora de veículos, por exemplo, que deseja investir em uma fábrica de pneus, deverá descontar esse projeto sob o ponto de vista dos acionistas, utilizando o custo do capital próprio calculado para o setor de pneus. No novo negócio, a montadora seria como um investidor individual, correndo o risco β do setor, sem nenhum benefício fiscal da sua estrutura de capital. Esse benefício somente poderia ser considerado se ela obtivesse empréstimo para o novo negócio, em nome dele e com suas garantias, o que não é comum.

Um equívoco nessa abordagem poderá ser desastroso, já que implicará a utilização de uma taxa menor (Wacc) para descontar projetos que deveriam ser abordados somente com capital próprio. Isso acarretaria a aceitação de empreendimentos que deveriam ser rejeitados, o que é inaceitável sob o ponto de vista da maximização de valor para os acionistas.

Outra importante restrição diz respeito à variação da estrutura de capital, ou seja, amortizações durante o projeto. Nesse caso, a abordagem também deve ser feita somente pelo ponto de vista dos acionistas, utilizando o custo do capital próprio. O estudo de caso apresentado no capítulo 4 ilustra essa situação.

A seguir, trataremos do impacto do endividamento no risco para os acionistas.

O β para um investimento alavancado

No caso de um investimento financiado por capital próprio e de terceiros, o β deverá incluir o risco associado ao grau de endividamento assumido, além de representar o risco sistemático do negócio. O β estaria representando também o risco financeiro devido ao uso do capital de terceiros no investimento.

Quando retornos de empresas que se financiam somente com capital próprio são utilizados para estimativa do β, chega-se à estimativa do seu β não alavancado. Para se calcular o β alavancado, ou seja, considerar os riscos associados à alavancagem financeira, tem-se a seguinte fórmula, proposta por Hamada (1972),

$$\beta_{\text{alavancado}} = \beta_{\text{não alavancado}} \left[1 + (1 - T)(D/E)\right] \qquad (13)$$

onde:
E = valor do capital próprio empregado;
D = valor do capital de terceiros empregado;
T = alíquota de imposto de renda.

Por exemplo, para se calcular o β alavancado de uma empresa brasileira, pode-se utilizar os betas não alavancados de setores similares nos Estados Unidos, e a estrutura de capital da empresa nacional.

Exemplo 5

Qual o β de uma empresa que trabalha com 30% de capital de terceiros, em relação ao capital total, no setor de entretenimento? A alíquota de IR é de 34%.

Solução: consultando a tabela 7, obtemos o β não alavancado do setor, que é 1,17. Utilizando a fórmula do β alavancado, temos:

$$\beta_{alavancado} = \beta_{não\ alavancado}[1+ (1-T)(D/E)] = 1{,}17[1+(1 - 0{,}34)*30/70] = 1{,}5009$$

A tabela 7 apresenta a estimativa dos betas médios de diversos setores econômicos para os EUA na sua forma não alavancada, por setor.

Tabela 7

BETAS DE SETORES DA ECONOMIA NORTE-AMERICANA: 2005

Segmento	Nº de empresas	β *não alavancado*
Propaganda	40	1,19
Transporte aéreo	49	1,00
Bancos	504	0,48
Bebidas	44	0,81
Construção civil (moradias)	36	0,83
Materiais de construção	49	0,87
TV a cabo	23	1,06
Software	376	1,51
Elétricas	25	0,61
Eletrônica	179	1,17
Entretenimento	93	1,17
Mineração	78	0,99
Seguros	87	0,88
Internet	266	1,94
Gás natural (distribuição)	26	0,52
Papel e celulose	39	0,69
Petróleo	186	0,86
Siderúrgica	26	1,59
Serviços de telecomunicações	152	1,03
Cigarro	11	0,66
Saneamento	16	0,58

Fonte: <www.damodaran.com>.

Exemplo 6

Na empresa do exemplo anterior, se a taxa livre de risco for de 15% ao ano, o prêmio pelo risco da carteira de mercado 8,2% ao ano e o custo da dívida de 12,75% ao ano, qual o seu custo médio ponderado de capital (Wacc)?

Solução: primeiro calculamos o custo do capital próprio; Re = 15% + 1,5009*8,2 = 27,31% ao ano. A seguir, calculamos o custo médio ponderado de capital: Wacc = 0,7*27,31+ 0,3*12,75* (1 – 0,34) = 21,64% ao ano.

Note que o Wacc < Re, o que demonstra que a empresa ganhou ao contrair dívida, devido ao custo mais baixo desta e ao benefício fiscal dos juros.

A utilização desses betas no Brasil demanda um conhecimento do risco sistemático do setor brasileiro por parte do avaliador do projeto, para fazer um ajuste subjetivo aos dados norte-americanos. Ainda assim, essa é uma maneira melhor do que simplesmente não considerar o risco ou estimar a taxa de desconto como um todo. Os exemplos 7 e 8 procuram ilustrar a questão.

Exemplo 7

Um capitalista deseja investir nos Estados Unidos em mineração. Pretende trabalhar somente com capital próprio. Com o prêmio pelo risco de mercado norte-americano estimado em 5% ao ano, a taxa livre de risco americana da ordem de 4% ao ano e o β do setor, obtido da tabela 7, de 0,85, qual o custo do capital próprio para esse empreendimento?

Solução: $R_e = R_f + \beta \times [E[R_m] - R_f] = 4\% + 0{,}85 \times 5\% = 8{,}25\%$ ao ano.

Exemplo 8

Se um capitalista brasileiro resolver investir no Brasil, no mesmo setor, qual seria o seu custo de capital próprio? Suponha a taxa livre de risco da ordem de 15% ao ano e o prêmio de risco da carteira de mercado brasileira de cerca de 8,2% ao ano. O β do setor poderá ser obtido da tabela anterior.

Solução: $R_e = R_f + \beta \times [E[R_m] - R_f] = 15\% + 0{,}85 \times 8{,}2\% =$ 21,97% ao ano.

Podemos perceber, a partir dos últimos dois exemplos, uma grande diferença entre as duas taxas. Isso se deve às diferenças entre as taxas livres de risco americana e brasileira, e os respectivos prêmios por risco do mercado.

A seguir, abordaremos sucintamente a alavancagem financeira.

Alavancagem financeira

Quando uma empresa utiliza capital de terceiros, a custo fixo (juros), na sua composição de capital, diz-se que ela está alavancada financeiramente. A alavancagem financeira deve ser utilizada para aumentar a riqueza dos acionistas. Logo, a definição da estrutura de capital de uma empresa é uma decisão estratégica muito importante. O exemplo 9 ilustra essa importante decisão.

Exemplo 9

Uma empresa deseja decidir entre duas estruturas de capital:

- 100% de capital próprio, com patrimônio líquido de R$ 2 milhões divididos em 2 milhões de ações cotadas a R$ 1,00 cada;

- 60% de capital próprio, com patrimônio líquido de R$ 1,2 milhão divididos em 1,2 milhão de ações cotadas a R$ 1,00 cada, e R$ 800 mil em dívida, a um custo de 13% ao ano.

A empresa trabalha com três cenários:

- o lucro antes de juros e imposto de renda (Lajir) esperado da empresa é de R$ 300 mil;
- o cenário pessimista é de R$ 200 mil;
- o otimista é de R$ 360 mil. O IR é de 25%.

Qual das duas estruturas de capital propostas é a mais adequada para o Lajir dado? E nos outros cenários?

Solução: primeiro deve-se montar o demonstrativo de resultados para o cenário esperado.

Tabela 8

DEMONSTRATIVO DE RESULTADOS

	Cenário esperado	
	Sem alavancagem	Com alavancagem
Lajir	300.000,00	300.000,00
Juros pagos	0,00	104.000,00
Lucro antes de IR (Lair)	300.000,00	196.000,00
IR (25%)	75.000,00	49.000,00
Lucro líquido (LL)	225.000,00	147.000,00
Patrimônio líquido (PL)	2.000.000,00	1.200.000,00
Rentabilidade patrimonial (*return on equity RoE*) = LL/PL	11,25%	12,25%
Lucro por ação (LPA = LL/Nº ações) R$	0,1125	0,1225

Os resultados demonstram que o cenário esperado apresenta lucro por ação maior na situação com alavancagem. Para que haja maior segurança, é necessária a análise de todos os cenários.

Tabela 9

ANÁLISE DOS CENÁRIOS

	Recessão		Expansão	
	Sem alavancagem	Com alavancagem	Sem alavancagem	Com alavancagem
Lajir	200.000,00	200.000,00	360.000,00	360.000,00
Juros pagos	0,00	104.000,00	0,00	104.000,00
Lucro antes de IR (Lair)	200.000,00	96.000,00	360.000,00	256.000,00
IR (25%)	50.000,00	24.000,00	90.000,00	64.000,00
Lucro líquido (LL)	150.000,00	72.000,00	270.000,00	192.000,00
Patrimônio líquido (PL)	2.000.000,00	1.200.000,00	2.000.000,00	1.200.000,00
Rentabilidade patrimonial (*return on equity RoE*) = LL/PL	7,50%	6,00%	13,50%	16,00%
Lucro por ação (LPA = LL/Nº ações) R$	0,075	0,06	0,135	0,16

As tabelas apresentadas mostram que no cenário de recessão a empresa não alavancada está em vantagem. Já no cenário esperado e no de expansão a situação se inverte. A figura 10 ilustra a análise.

Figura 10

ANÁLISE DA ALAVANCAGEM FINANCEIRA COM CENÁRIOS

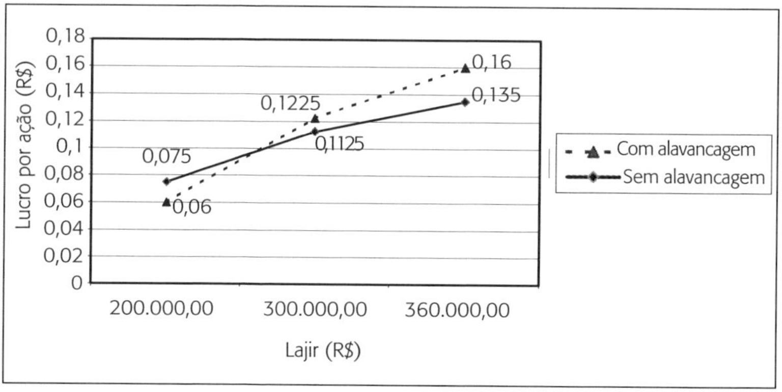

O ponto de equilíbrio, a partir do qual a alavancagem financeira compensa, é de R$ 260 mil de Lajir. Ele pode ser obtido igualando-se o lucro por ação (LPA) de cada situação:

$$LPA = \frac{(Lajir)*(1-0{,}25)}{2.000.000} = \frac{(Lajir-104.000)*(1-0{,}25)}{1.200.000}$$

Resolvendo para Lajir, obtém-se: Lajir = R$ 260 mil, que é o ponto de equilíbrio. O lucro por ação para as duas situações será, nesse ponto, de R$ 0,0975.

A tomada de decisão, nesse exemplo, é simples: o ponto a partir do qual a alavancagem financeira vale a pena ocorre para um nível de Lajir abaixo do cenário esperado. Assim, a empresa deve decidir pela estrutura de capital alavancada.

A seguir, veremos a análise do ponto de equilíbrio e a alavancagem operacional.

Análise do ponto de equilíbrio (*break even*) e alavancagem operacional

A análise do ponto de equilíbrio de um investimento consiste em determinar qual o nível mínimo de receitas necessário para cobrir os custos fixos e variáveis. Significa buscar o nível de vendas que garante o equilíbrio entre o valor presente das receitas e o valor presente dos custos. Nesse nível de vendas, o VPL do investimento seria igual a zero. Em termos gráficos, a figura 11 ilustra.

O cálculo do ponto de equilíbrio econômico (*break even*) do projeto ajuda os investidores a determinarem qual a sua exposição para custos fixos. Essa exposição é o nível de alavancagem operacional. A análise do *break even* operacional também pode ser chamada de análise custo-volume-lucro. É utilizada pela empresa para determinar o nível de operações necessárias para cobrir todos os custos operacionais e avaliar a lucratividade associada a vários níveis de vendas.

Figura 11

ALAVANCAGEM OPERACIONAL – PONTO DE EQUILÍBRIO

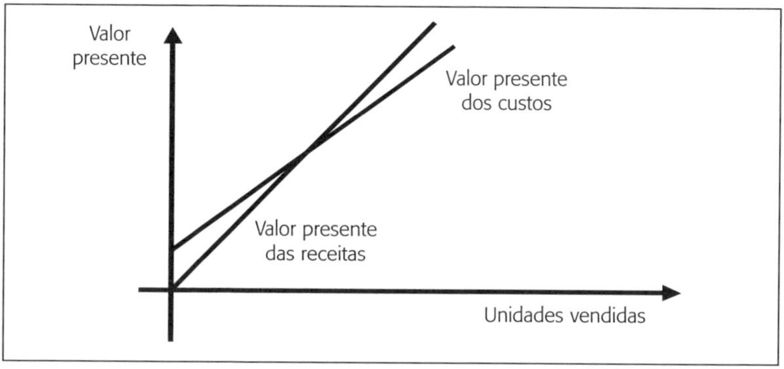

Para que fique claro, vamos deduzir as relações: sejam p o preço de venda por unidade, Q a quantidade de vendas por unidades, F o custo operacional fixo por período e v o custo operacional variável por unidade.

	Receita de vendas	**(p × Q)**
Alavancagem operacional	– custos operacionais fixos	– F
	– custos operacionais variáveis	– (v × Q)
	= lucro antes dos juros e IR	= Lajir

$\text{Lajir} = (p \times Q) - F - (v \times Q)$ $\text{Lajir} = Q \times (p - v) - F$

Fazendo Lajir = 0, temos o ponto de equilíbrio e Q = F/(p – v). O exemplo 10, inspirado em Gitman (1997), ilustra a situação.

Exemplo 10

Um varejista tem custos operacionais fixos de R$ 5 mil, seu preço de venda por unidade é de R$ 20,00 e seus custos operacionais variáveis são de R$ 10,00 por unidade.

Qual o ponto de equilíbrio?

Solução: Q = F/(p – v) = 5.000/(20 – 10) = 500 unidades.

Logo, com a venda de 500 unidades, o Lajir da empresa deve ser nulo.

Acima de 500 unidades, o Lajir será positivo e, abaixo, negativo (prejuízo). Esse é, portanto, o ponto de equilíbrio da empresa, cobrindo seus custos operacionais.

A figura 12 ilustra o exemplo.

Figura 12

ALAVANCAGEM OPERACIONAL

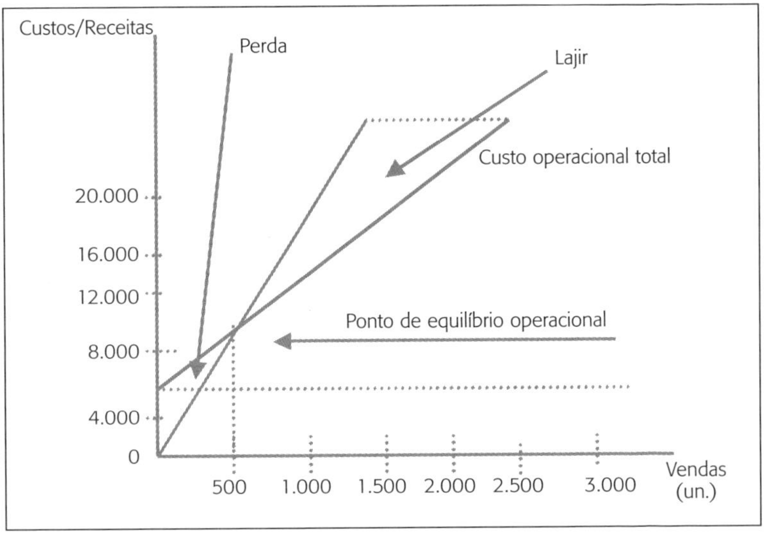

A alavancagem operacional é análoga à financeira. Os credores dos pagamentos dos custos fixos, assim como os credores da dívida, são titulares de recebimentos fixos, enquanto aos acionistas cabe o resultado remanescente. Em ambos os casos há a elevação do risco para os acionistas. O risco percebido pelos acionistas também guarda relação com o montante do projeto. Grandes somas de capital tornam difícil a participação de empreendedores, em especial em projetos de utilidade pública.

Outro aspecto importante é a utilização de capital de terceiros por meio de operações de *leasing*.

Financiamento com recursos de terceiros: *leasing*

Outra modalidade de financiamento disponível no mercado, que deve ser levada em consideração pelo gerente do projeto, é o *leasing*. Esse tipo de operação, hoje muito usado, vem atravessando toda a história da civilização e já era previsto no código de Hamurabi, no século XVIII a.C. Desde a Idade Média até os dias de hoje, é comum o dono de terras arrendá-las aos agricultores.

O *leasing* financeiro, por sua vez, teve seu início em 1950, quando a Boothe Leasing Corporation arrendou equipamentos para ampliar sua produção de alimentos. Essa operação chegou ao Brasil em 1972, quando o Banco de Minas Gerais S.A. montou com sucesso a BMG Leasing. Em seguida, vieram os demais grandes bancos, atraídos pela expectativa de bons negócios.

As operações de *leasing* são comerciais e não financeiras, não sofrendo incidência de IOF, mas sim de PIS (0,65%), Cofins (3%) e ISS (0,50%) sobre a receita do arrendador.

Tipos de leasing

Existem no mercado três tipos de *leasing* disponíveis para o gerente do projeto:

- operacional — pode ser considerado uma mera locação, já que o arrendatário tem o direito de rescindir a operação quando quiser, mediante aviso prévio. Não estabelece a opção de compra;

- *lease-back* — nessa operação, a empresa vende ativos permanentes de seu uso para o arrendador e imediatamente realiza com ele uma operação de *leasing*, passando, dessa forma, a usá-los de novo. O objetivo maior dessa operação é o levantamento de recursos para capital de giro;
- *leasing* financeiro — essa operação é a conhecida tradicionalmente como *leasing*. Na figura 13 podem-se visualizar os participantes da operação e seus papéis.

Figura 13

OPERAÇÃO DE *LEASING* FINANCEIRO

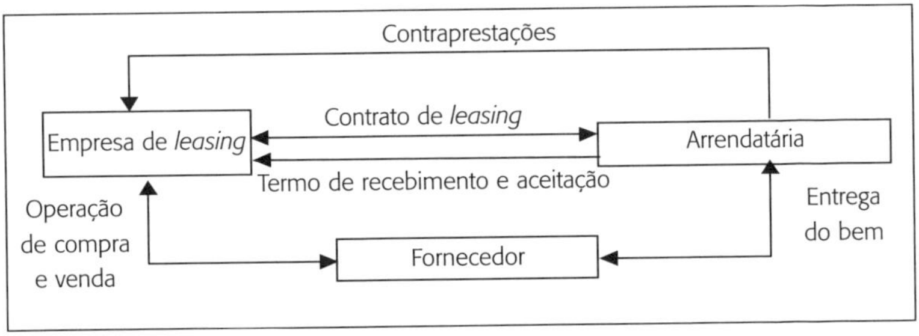

Fonte: Motta e Calôba, 2002:226.

As operações de *leasing* possuem vantagens e desvantagens, como veremos a seguir.

Vantagens e desvantagens do leasing

Como vantagens, poderíamos citar:

- liberação de recursos financeiros para serem aplicados em capital de giro ou em outras aplicações mais atraentes;
- o efeito fiscal — a contraprestação pode ser inteiramente debitada como despesa, reduzindo o lucro tributável. A empresa arrendatária, ao final do contrato, paga o valor residual garantido, que não é dedutível do lucro tributável, e assume a posse do bem, objeto do contrato;

- custos de manutenção e riscos de obsolescência são reduzidos ante a renovação estipulada no contrato.

Principais desvantagens:

- a depreciação pertence ao proprietário do ativo, logo não pode ser deduzida do lucro tributável;
- o valor residual também pertence ao proprietário do bem, não podendo ser lançado como ganho adicional ao final do projeto;
- ante a falta de patrimônio, as empresas de menor porte têm dificuldades de dação em garantia de novos empréstimos.

A seguir, apresentamos alguns exemplos.

Exemplo 11

Um industrial tem a oportunidade de ampliar sua fábrica. Para tanto, precisará de novos equipamentos que custam R$ 1 milhão. Ele pode adquiri-los com recursos próprios ou fazer uma operação de *leasing*. Os elementos de decisão das duas operações são:

- recursos próprios — depreciação linear, vida econômica e contábil de seis anos, restando um valor residual de 10% ao final. Os equipamentos serão vendidos ao final do projeto pelo valor residual de R$ 100 mil;
- *leasing* — os equipamentos em pauta podem ser arrendados por R$ 100 mil por ano.

As vendas são projetadas em R$ 800 mil por ano. O custo variável é de 20% das vendas. Os custos fixos anuais são de R$ 150 mil. Determinar o fluxo de caixa operacional e o valor presente líquido do projeto, sabendo que a alíquota de IR é de 35%

e que o custo de oportunidade do capital do industrial para aplicação neste projeto é de 18% ao ano.

Solução:

- Com recursos próprios

R$ 1.000,00	1	2	3	4	5	6
(+) Vendas	800	800	800	800	800	800
(–) Custos variáveis = 0,2 × 800,00	160	160	160	160	160	160
(–) Custos fixos	150	150	150	150	150	150
(–) Depreciação = (1.000 – 100)/6	150	150	150	150	150	150
(=) Lair = Vendas – CV – CF – Depreciação	340	340	340	340	340	340
(–) IR 35%	119	119	119	119	119	119
(=) Lucro líquido = Lajir – IR	221	221	221	221	221	221
(=) **Fluxo de caixa operacional** =						
= Lucro líq. + Depreciação	371	371	371	371	371	371

Calculamos o VPL da forma explicada no capítulo 2.

Resposta: o resultado encontrado para o VPL = 334.653,70 significa que o projeto é viável à taxa de 18% ao ano, utilizada para descontá-lo.

- Usando a operação de *leasing*

R$ 1.000,00	1	2	3	4	5	6
(+) Receitas	800	800	800	800	800	800
(–) Custos variáveis = 0,2 × 800,00	160	160	160	160	160	160
(–) Custos fixos	150	150	150	150	150	150
(–) Despesas com *leasing*	**100**	**100**	**100**	**100**	**100**	**100**
(=) Lair	390	390	390	390	390	390
(–) IR 35%	136,50	136,50	136,50	136,50	136,50	136,50
Fluxo de caixa operacional	253,50	253,50	253,50	253,50	253,50	253,50

A decisão sobre a alternativa mais interessante para financiar a aquisição dos equipamentos e a consequente expansão da fábrica podem ser verificadas pela análise do fluxo de caixa incremental.

Operação	0	1	2	3	4	5	6
(+) Com recursos próprios	−1.000,00	371	371	371	371	371	471
(−) Com *leasing*	-	253,50	253,50	253,50	253,50	253,50	253,50
(=) Fluxo incremental	−1.000,00	117,50	117,50	117,50	117,50	117,50	217,50

Calculando o VPL, obteremos o valor de (R$ 551,99) que nos sinaliza que a operação de *leasing* é a mais atraente (seu VPL é maior).

Exemplo 12

Suponha, agora, na hipótese de financiamento dos equipamentos com recursos próprios, que o industrial não queira vendê-los ao final do projeto. Ele deseja mantê-los por falta de visibilidade do ciclo de vida do produto que ele fabrica.

Por outro lado, na possibilidade de serem adquiridos por meio de uma operação de *leasing*, os equipamentos poderão ser arrendados por R$ 100 mil por ano e definido um valor residual garantido de 20% de valor do ativo a ser pago no início da operação, exercendo, assim, a opção de aquisição.

As demais condições estão mantidas para ambas as operações.

Solução:

- Com recursos próprios.

R$ 1.000,00	1	2	3	4	5	6
(+) Vendas	800	800	800	800	800	800
(−) Custos variáveis = 0,2 × 800,00	160	160	160	160	160	160
(−) Custos fixos	150	150	150	150	150	150
(−) Depreciação = (1.000 − 100)/6	150	150	150	150	150	150
(=) Lair = Vendas − CV − CF − Depreciação	340	340	340	340	340	340
(−) IR 35%	119	119	119	119	119	119
(=) Lucro líquido = Lajir − IR	221	221	221	221	221	221
(=) Fluxo de caixa operacional =						
= Lucro líq. + Depreciação	371	371	371	371	371	371

Resposta: o resultado encontrado para o VPL = 297.610,55 significa que o projeto é viável à taxa de 18% ao ano, utilizada para descontá-lo.

- Usando a operação de *leasing*

R$ 1.000,00	1	2	3	4	5	6
(+) Receitas	800	800	800	800	800	800
(–) Custos variáveis = 0,2 × 800,00	160	160	160	160	160	160
(–) Custos fixos	150	150	150	150	150	150
(–) Despesas com *leasing*	100	100	100	100	100	100
(=) Lair	390	390	390	390	390	390
(–) IR 35%	136,50	136,50	136,50	136,50	136,50	136,50
Fluxo de caixa operacional	253,50	253,50	253,50	253,50	253,50	253,50

A decisão sobre a alternativa mais interessante para financiar a aquisição dos equipamentos será verificada pela análise do fluxo de caixa incremental.

Operação	0	1	2	3	4
(+) Com recursos próprios	–1.000,00	371	371	371	371
(–) Com *leasing*	–200,00	253,50	253,50	253,50	253,50
(=) Fluxo incremental	– 800,00	117,50	117,50	117,50	117,50

Calculando o VPL, obteremos o valor de R$ 389,03, que nos sinaliza que a operação de *leasing* ainda é a mais atraente (seu VPL é maior).

Obs.: se o valor residual garantido fosse pago ao final do projeto, ele seria acrescido dos juros financeiros, e apenas estes seriam dedutíveis do lucro tributável.

Resumo do capítulo

O risco de um investimento é medido pela variância dos retornos. Ele se subdivide em específico e sistemático, também chamado de mercado. A diversificação reduz o risco específico.

O melhor modelo para o cálculo do custo do capital próprio é o CAPM, que leva em conta o risco sistemático do investimento. O modelo de Gordon leva em conta o fluxo futuro de dividendos.

A utilização de capital de terceiros pode ser vantajosa para a realização de projetos.

O ponto de equilíbrio é aquele a partir do qual os custos fixos da empresa são pagos pelos seus resultados.

As empresas podem utilizar o *leasing* para realizar seus projetos, obtendo benefícios fiscais.

O capítulo a seguir tratará da análise do risco econômico-financeiro nos projetos de investimento.

4

Análise do risco econômico-financeiro em projetos

Este capítulo abordará a análise do risco em orçamento de capital, tipos de risco e métodos de ajustamento ao risco, objetivando sempre a maximização da riqueza da empresa.

É importante ressaltar a diferença entre incerteza e risco e esclarecermos que trataremos da gestão do risco em orçamento de capital, ou seja, como ele deve ser administrado em projetos de investimento.

A incerteza ocorre quando a distribuição de probabilidades não pode ser avaliada, em situações pouco repetitivas, incomuns.

O risco está presente quando todas as ocorrências possíveis de uma certa variável encontram-se sujeitas a uma distribuição de probabilidades conhecida por meio de experiências passadas ou que pode ser calculada com algum grau de precisão.

Em orçamento de capital, o risco de um projeto é sinalizado pela variabilidade de suas entradas de caixa, ou seja, associado à probabilidade de vir a ser rejeitado. Em um projeto, o investimento inicial e as despesas preliminares são conhecidos com muita segurança. O problema reside nas entradas, ou seja, nas receitas, vendas, quantidades, impostos e custos decorrentes.

Todas essas variáveis encontram-se interligadas e a probabilidade de elas ocorrerem ou não pode afetar o resultado do projeto.

Tipos de risco

Segundo Brigham e colaboradores (2001), três tipos de risco devem ser identificados e estudados para elaboração de uma análise cuidadosa do projeto: o risco isolado, o risco da empresa e o risco de mercado.

Risco isolado

É o risco do projeto que ignora os efeitos da diversificação, ou seja, não leva em consideração o papel que ele representa na carteira de ativos da empresa. Está puramente associado às incertezas dos fluxos de caixa futuros e é medido pela variabilidade dos retornos esperados.

Risco da empresa

É o risco da empresa em relação ao projeto. Este, fazendo parte da carteira de ativos da empresa, terá alguns dos efeitos de seu risco diversificados. É avaliado pelo efeito do projeto sobre a variabilidade dos fluxos de caixa da empresa. Mede em quanto a adição do projeto à carteira de ativos da empresa modifica o risco desta carteira, ou seja, em quanto a empresa está se arriscando com o projeto.

Ignora os efeitos da diversificação pessoal dos acionistas.

Risco de mercado

É o efeito do projeto sobre a variabilidade dos retornos de um investidor com uma carteira bastante diversificada. Mede o risco do investidor, ou seja, o quanto ele está se arriscando com o projeto.

O risco de mercado considera a diversificação dos investidores de capital que sabem que o projeto é um dos ativos da empresa e sua ação faz parte das suas carteiras. Esse tipo de risco é preocupante para os acionistas não diversificados e também para os proprietários de pequenas empresas.

Possui alta correlação com os demais tipos de risco, o que afetará os preços das ações.

Na maioria dos casos, esses três tipos de risco estão altamente correlacionados e existe maior facilidade de se estimar o risco isolado do projeto do que o risco da empresa ou o risco do mercado. Passaremos agora a discutir os métodos de ajuste ou técnicas de avaliação do risco isolado.

Métodos de ajuste para o risco isolado

Geralmente, os projetos têm um horizonte de planejamento de vários anos e uma incerteza associada muito grande. Os fluxos de caixa de um projeto, quer de entrada, receitas, quer de saída, custos, não são conhecidos como gostaríamos. Para analisarmos o risco associado, podemos empregar de abordagens subjetivas ou julgamentos informais a técnicas de análise estatísticas e prospectivas sofisticadas. A simulação, por sua vez, pode demandar modelos matemáticos e esforços computacionais complexos.

Entre os métodos de ajuste ao risco existentes na literatura especializada que podem ser usados em análise de projetos, sem maiores dificuldades, estão:

- abordagem subjetiva;
- equivalentes à certeza;
- análise de sensibilidade;

- análise de cenários;
- taxa de desconto ajustada ao risco;
- árvore de decisão;
- simulação.

Abordagem subjetiva

Consiste em utilizar um dos métodos de avaliação de um projeto e então tomar a decisão de investimento de capital com base na avaliação subjetiva do risco, feita pelo responsável do projeto. Geralmente, o gerente do projeto é um profissional altamente qualificado e a sua decisão, apesar do caráter subjetivo, pode ser de grande valia. Isso ocorre especialmente em projetos singulares, que se revistam de alto grau de ineditismo e baixo nível de informação.

Equivalentes à certeza

Os equivalentes à certeza são fatores que refletem a porcentagem de uma dada entrada de caixa que o responsável pela tomada de decisão aceitaria em troca das entradas de caixa esperadas.

Por esse método, o projeto é ajustado ao risco, convertendo-se as entradas de caixa esperadas em montantes certos, utilizando-se os equivalentes de certeza e descontando-se o fluxo resultante utilizando-se uma taxa livre de risco.

Exemplo 1

Sejam os seguintes projetos antes de ajustados ao risco, tendo seus valores presentes líquidos (VPLs) calculados a um custo de capital de 10%.

(R$ mil)

Projeto	FC_0	FC_1	FC_2	FC_3	VPL
A	–225	+145	+125	+50	+ 47,69
B	–250	+165	+195	+30	+ 83,70

Projetos ajustados ao risco considerando, agora, uma taxa livre de risco de 7%.

Projeto	FC_0	FC_1	FC_2	FC_3	VPL
A	–225	+145	+125	+50	
Fator equivalente à certeza		1,00	0,90	0,80	
Fluxo de caixa *certo*	–225,00	+145,00	+112,50	+ 40,00	+ 41,43
B	–250	+165	+195	+30	
Fator equivalente à certeza		0,90	0,80	0,60	
Fluxo de caixa *certo*	– 250	+ 148,50	+ 156,00	+ 18,00	+ 39,73

O projeto A, ajustado ao risco, é a melhor opção porque seu VPL é maior do que o do projeto B.

Análise de sensibilidade

Esse método visa, formulando questões do tipo "e se", verificar a elasticidade dos resultados do projeto à variação de seus fatores críticos.

Pode-se verificar a variável ou fator crítico (receita, unidades vendidas, custos operacionais, maturidade do projeto, taxa de desconto etc.) ao qual o VPL é mais sensível, e avaliar até que valor do fator crítico alterado o mérito do projeto resiste e, por causalidade, a sua viabilidade.

Uma série de gráficos relacionando a variável alterada e seu resultado no VPL pode ser realizada e, quanto mais inclinada a curva, mais sensível é o projeto à mudança da variável.

Na formulação do orçamento de capital ou na análise de projetos mutuamente excludentes, o decisor pode escolher aquele cuja atratividade resiste mais a tais variações, uma vez que ele sinaliza menos risco.

A análise de sensibilidade é útil em ambientes de negociação (comprador *versus* fornecedor), na solicitação de descontos ou de condições mais favoráveis, examinando em tempo real os seus reflexos na viabilidade do projeto. É amplamente usada.

A análise de sensibilidade tem como aspecto negativo não considerar a gama de valores que podem assumir as suas variáveis em sua distribuição de probabilidades.

Exemplo 2

Uma empresa está considerando a possibilidade de lançar um novo produto no mercado, que vai requerer um dispêndio de capital de R$ 65 mil para investimentos fixos. Estima-se uma vida econômica para o projeto de 10 anos. A empresa espera vender uma produção anual de 5 mil unidades a um preço unitário de R$ 10,00. Os custos operacionais anuais foram estimados em R$ 15 mil. Considerar a alíquota do imposto de renda igual a 25% e usar o método de depreciação linear. Se a empresa pretende um retorno após os impostos de 10% ao ano, verificar os aspectos a seguir.

- A atratividade do projeto

Ano	Fluxo de caixa antes do IR	Depreciação	Lucro tributável	IR 25%	Fluxo de caixa após IR
0	–65.000	–	–	–	–65.000
1-10	+35.000	–6.500	+28.500	–7.125	+27.875

Dessa forma, o VPL = 106.279,81.

- A sensibilidade do projeto para a hipótese de uma variação positiva e negativa de 20% no preço unitário de venda

VARIAÇÃO POSITIVA DE 20%

Ano	Fluxo de caixa antes do IR	Depreciação	Lucro tributável	IR 25%	Fluxo de caixa após IR
0	–65.000	–	–	–	–65.000
1–10	45.000	6.500	38.500	9.625	35.375

O VPL será de R$ 152.364,06.

VARIAÇÃO NEGATIVA DE 20%

Ano	Fluxo de caixa antes do IR	Depreciação	Lucro tributável	IR 25%	Fluxo de caixa após IR
0	–65.000	–	–	–	–65.000
1-10	25.000	6.500	18.500	4.625	20.375

O VPL será de R$ 60.195,55, como ilustra a figura 14.

Figura 14

SENSIBILIDADE DO VPL A VARIAÇÕES NO PREÇO DE VENDA

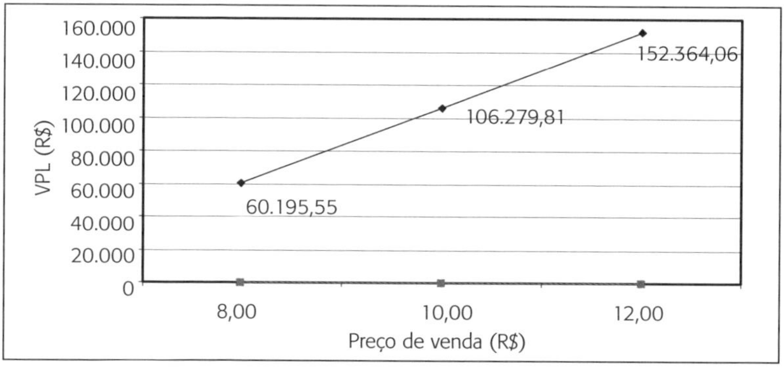

Análise de cenários

É um método de análise do risco isolado de um projeto que leva em consideração a sensibilidade do VPL a mudanças em suas principais variáveis de decisão, bem como fornece os valores das variáveis de acordo com a sua distribuição de probabilidades. Para o uso desse método, o decisor financeiro solicita à equipe que vai gerenciar o projeto o conjunto de circunstâncias mais pessimista, o mais otimista e o mais provável. Calculam-se o VPL esperado, seu desvio-padrão e o coeficiente de variação. Pode-se comparar o coeficiente de variação calculado do projeto com o coeficiente de variação médio dos projetos da empresa, obtendo-se o risco isolado relativo do empreendimento.

Combinar cenários pode ser a forma alternativa de solucionar o fato de que ela considera que todas as variáveis estão fortemente correlacionadas de forma positiva, o que é pouco provável. Sua principal limitação deve-se ao fato de operar com alguns resultados discretos em vez de considerar um número infinito de possibilidades.

A simulação irá atender essa necessidade de análise do risco isolado de um projeto.

Exemplo 3

Consulte a tabela a seguir e faça a análise de sensibilidade.

Cenário	Probabilidade de resultado	Volume de venda	Preço de venda	VPL
Caso pessimista	0,25	10.000	8,00	(5.000)
Mais provável	0,50	15.000	10,00	15.000
Caso otimista	0,25	20.000	12,00	22.000
			$VPL_{esperado}$ =	11.750
			σ_{VPL} =	10.084,02
			CV_{VPL} =	0,8582

A partir dos dados acima, podemos calcular o valor presente líquido esperado.

$$VPL_{esperado} = 0,25\ (-5.000) + 0,50\ (15.000) + 0,25\ (22.000) = 11.750$$

O desvio-padrão do VPL deve ser calculado da seguinte forma:

$$\sigma_{VPL} = \sqrt{0{,}25(-5.000-11.750)^2+0{,}50(15.000-11.750)^2+0{,}25(22.000-11.750)^2} = 10.084{,}02$$

A partir dos resultados anteriores, obtemos o coeficiente de variação do VPL:

$$CV_{VPL} = 10.084{,}02/11.750 = 0{,}8582$$

Observações:

- quanto mais alto o coeficiente de variação, maior será o risco do ativo;
- segundo Gitman (1997), a verdadeira utilidade do coeficiente de variação está na comparação de ativos que têm diferentes retornos esperados. A escolha recairá pelo ativo que apresentar menor coeficiente de variação, ou seja, risco, como ilustra o exemplo a seguir.

Elementos de análise	Ativo X	Ativo Y
(1) Retorno esperado	18%	12%
(2) Desvio-padrão	10%	8%
(3) Coeficiente de variação (2) / (1)	**0,56**	0,67

O coeficiente de variação considera, também, o retorno esperado dos ativos e, por isso, ele é mais adequado na decisão entre ativos.

Taxas de desconto ajustadas

Uma abordagem direta e mais prática de ajustamento ao risco envolve o emprego de taxas de desconto ajustadas ao risco. Na abordagem de equivalentes à certeza, ajustam-se os fluxos de entrada do projeto pelo risco. Agora, ajusta-se a taxa de desconto, que deve remunerar adequadamente os proprietários da empresa pelo risco assumido.

Para tanto, a empresa deve desenvolver algum tipo de função risco-retorno ou curva de indiferença de mercado e, então, baseada no risco que ela pretende aceitar, determinar a taxa de desconto a ser utilizada no VPL e a TIR exigida.

O risco total de um projeto será ajustado pelo seu desvio-padrão ou pelo coeficiente de variação mencionado anteriormente. Isso eventualmente preenche uma lacuna do CAPM que, segundo a sua teoria, funciona melhor em mercados eficientes.

Assim como no CAPM, teremos uma taxa livre de risco quando o coeficiente de variação for igual a zero e um prêmio de risco que será a taxa de retorno exigida de um projeto que exceder a taxa livre de risco.

Segundo Gitman (1997), o coeficiente de variação pode ser um indicador de risco razoável para análise de projetos de ativos reais.

Árvore de decisão

As árvores de decisão são diagramas que permitem mapear de maneira clara as alternativas e recompensas de várias decisões, bem como suas possibilidades de ocorrência. O método consiste em se calcular o valor esperado atual do projeto com base nas diversas possibilidades de ocorrência.

Tem como vantagem principal levar em consideração, ao se fazer o orçamento de capital, decisões futuras realizadas pelos gerentes do projeto. Incorpora alguma flexibilidade administrativa. No fundo, a análise por árvore de decisão tenta considerar alternativas operacionais ou administrativas existentes ao longo do tempo em um processo decisório. Seria um meio de mostrar toda a anatomia de uma decisão de investimento e apresentar a interação entre a decisão presente, eventos e decisões futuras possíveis e seus efeitos.

Os investimentos são divididos em subinvestimentos ou pacotes de trabalho (*work packages*) que serão realizados ou desenvolvidos em diferentes estágios do horizonte de planejamento do projeto. Segundo Roberts e Weitzman (1981), a implementação efetiva desses investimentos dependerá de algum evento do futuro que resultará na decisão dos investidores de investir ou não no futuro.

Com o aumento das variáveis e dos resultados, a árvore de decisão pode ficar muito difícil de se analisar e essa tendência surge quanto mais complexo for o processo decisório em pauta.

O exemplo 4, inspirado em Ross e colaboradores (2002), ilustra o método da árvore de decisões.

Exemplo 4

Seja um projeto de investimento de uma empresa de tecnologia nuclear para desenvolver um motor para automóveis. O período de desenvolvimento levará um ano e custará R$ 100 milhões. Os engenheiros estimam em 75% a probabilidade de os testes de produção e marketing darem certo.

As seguintes incertezas afetam o projeto:

- demanda para automóveis no futuro;
- preços do petróleo;
- fatia de mercado (*market share*) do produto.

Se os testes forem bem-sucedidos, deverão ser adquiridos terrenos, construídas instalações e o motor produzido em escala. Essa nova fase de investimentos custará R$ 1,4 bilhão. O horizonte de produção é de cinco anos. O fluxo de caixa líquido anual foi projetado em R$ 920 milhões. O custo de capital considerado é de 16% ao ano.

Solução: o VPL para o projeto, na data 1 (um ano após o início do projeto, quando o investimento de R$ 1,4 bilhão é feito), será de R$ 1,612 bilhão (calculado para Cf0 = –R$ 1,4 bilhão; nj=5, CFj = R$ 920 milhões e i = 16%).

Por outro lado, se os testes não forem bem-sucedidos, o VPL do investimento terá valor de –R$ 3 bilhões (valor dado). Esse valor se refere a tudo o que terá sido investido em desenvolvimento, testes, contratação de pessoal especializado, além de fatores intangíveis, como prejuízo à marca, imagem etc.

A empresa se depara, então, com a seguinte situação: 75% de chance de ter um VPL de R$ 1,612 bilhão e 25% de chance de ter um VPL de –R$ 3 bilhões.

Questão central — a empresa deve:

- testar e desenvolver o motor nuclear, ou não;
- investir na produção em escala após os resultados do teste, ou não?

A utilização de árvores de decisão toma as decisões em ordem inversa. Em primeiro lugar, o investimento de R$ 1,4 bilhão deve ser feito **se** os testes forem favoráveis, já que se espera VPL positivo no valor de R$ 1,612 bilhão. Se os testes **não forem** bons, o investimento não deverá ser realizado.

Solução: no primeiro estágio, é preciso saber se o investimento de R$ 100 milhões deverá ser feito para que haja uma chance de 75% de se obter sucesso no projeto com um VPL de R$ 1,612 bilhão.

O resultado esperado será:

resultado esperado = [probabilidade de sucesso × resultado com sucesso] + [probabilidade de insucesso × resultado com insucesso] = [0,75 × 1,612] + [0,25 × 0] = R$ 1,209 bilhão, na data 1.

Para a data zero, o VPL do teste será R$ 942,24 milhões = (–100 + 1.209/1,16).

Portanto, a empresa **deve** desenvolver os motores nucleares.

Observações:

- a mesma taxa foi utilizada para a decisão de teste e para a de investimento. A taxa poderia ser menor após o teste positivo;

- nem todo o investimento em testes poderia ser perdido. As premissas do problema foram um pouco radicais.

Figura 15

ÁRVORE DE DECISÃO

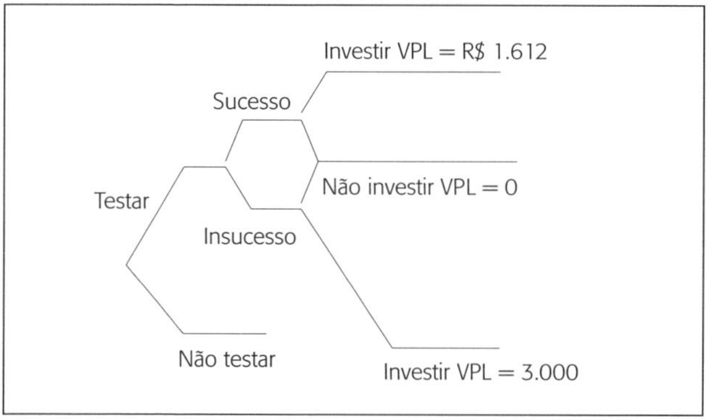

Exemplo 5

Figura 16

ÁRVORE DE DECISÃO

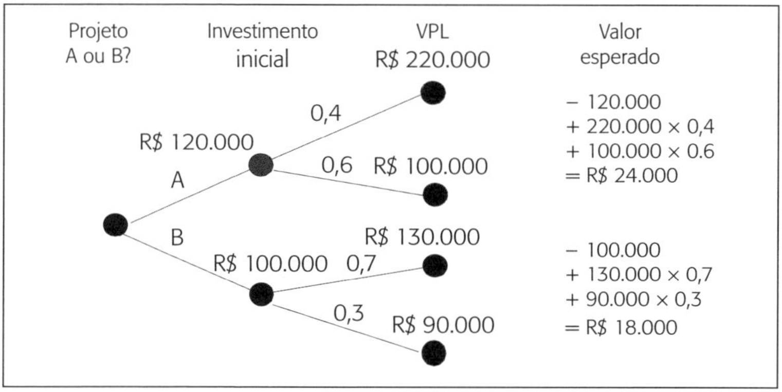

Agora, vamos analisar, com o mesmo método, dois projetos, A e B. O investimento inicial em cada um, respectivamente, será de R$ 120 mil e R$ 100 mil. As probabilidades de ocorrência dos fluxos de caixa estão assinaladas nos ramos da árvore de decisão.

Solução: a decisão da escolha do melhor projeto deve considerar o valor esperado de cada um. Ela recai no projeto A, de maior valor. Os cálculos estão indicados na própria figura 16.

Simulação

A aplicação de simulações, segundo Brigham e colaboradores (2001), é uma abordagem sofisticada baseada em estatística para tratar a incerteza. Sua elaboração requer a geração de fluxos de caixa usando distribuições probabilísticas predeterminadas e a geração de números aleatórios. É uma técnica de análise de risco em que os acontecimentos futuros prováveis são simulados em computador, gerando taxas de retorno e índices de risco estimados. A figura 17 ilustra.

Figura 17

SIMULAÇÕES

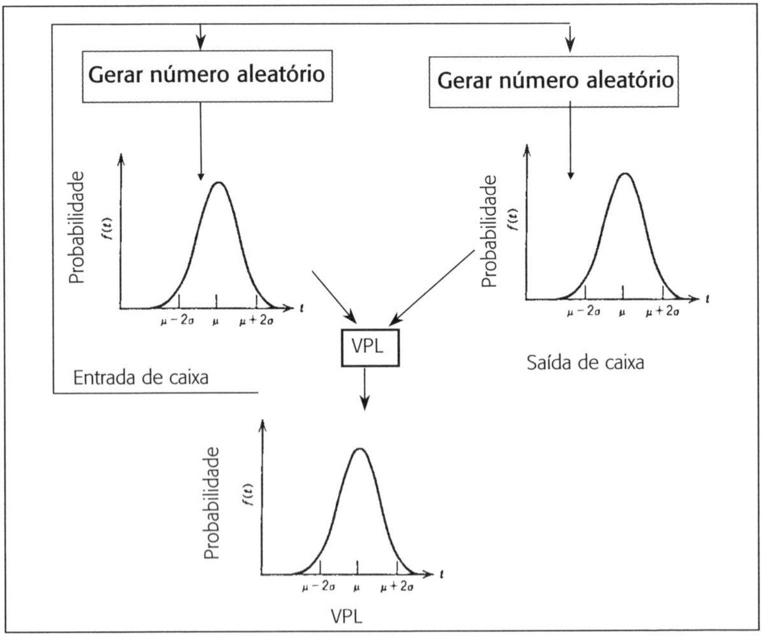

A utilização de simulações é sofisticada. Para aprofundamento, sugerimos consultar Brigham e colaboradores (2001). A seguir, veremos uma visão geral da extensão do modelo de árvores de decisão, com o cálculo de opções reais.

Modelo de precificação de opções reais: uma visão geral

Os métodos de avaliação apresentados se fundamentam em técnicas de fluxo de caixa descontado, em que os fluxos de caixa gerados pelo projeto são projetados ao longo da sua vida econômica e descontados a valor presente, usando uma taxa que tenta refletir os riscos ou incertezas associados aos fluxos de caixa. O futuro ocorreria de acordo com um cenário esperado, mas sabemos que esse modelo não reflete a realidade do mundo dos negócios. Pesquisadores têm desenvolvido modelos que tentam contemplar a necessária flexibilidade dos negócios e como criar valor com essa flexibilidade. A teoria de opções reais pretende dar subsídios para uma tomada de decisão mais consistente e realista.

As opções reais podem ser consideradas equivalentes corporativas das opções financeiras, que concedem ao portador o direito, mas não a obrigação, de trocar um ativo real por outro, a um preço determinado em um momento específico.

Muitas decisões empresariais de investimento são semelhantes às opções financeiras, envolvendo incertezas e flexibilidade para mudanças de rumo, a partir dos resultados de uma ação inicial.

Pode-se traçar um paralelo entre o comportamento das opções reais e das opções financeiras:

- preço da ação — valor presente de uma oportunidade de investimento;
- preço de exercício — valor presente dos dispêndios no momento do exercício para concretizar a oportunidade de investimento;

- tempo até o vencimento — período durante o qual a oportunidade de investimento existe;
- dividendos — valor perdido durante o período de espera do exercício da opção. Pode ser o custo de preservação da opção ou mesmo perdas para os concorrentes;
- volatilidade — medida de variabilidade dos fluxos de caixa;
- taxa livre de riscos — rendimento de uma aplicação em ativo financeiro livre de riscos e que tenha o mesmo vencimento da opção real.

As opções reais contêm forte conotação estratégica, como veremos a seguir.

Opções reais e o raciocínio estratégico

A geração de valor pode ocorrer por meio da identificação de ações específicas para tirar proveito das incertezas. Os projetos devem ser estruturados para incorporar a flexibilidade necessária ao ajuste a novas situações. Logo, a situação de mudança de curso devido às incertezas é passível de análise sob o ponto de vista das opções reais.

O projeto não será mais visto estaticamente, mas como o valor de seus fluxos de caixa e das opções reais nele embutidas. Em mercados emergentes, as condições de incerteza são maiores e geram componentes de flexibilidade importantes.

Passos a serem seguidos:

- determinar o valor do projeto sem flexibilidade — ignorar qualquer flexibilidade ou incerteza —, o VPL puro e simples;
- desenvolver a árvore de eventos do projeto (similar à de decisão). Essa é a parte mais complexa do método, já que envolve o cálculo de opções baseado em volatilidades. Aqui apenas apresentaremos qualitativamente o processo;
- determinar os tipos de incerteza — ambientais (taxas de juros, câmbio, mão de obra etc.), de projeto (resultado en-

tre a interação, as incertezas do ambiente e a estrutura de custos do projeto);

- o cálculo das incertezas somente é possível com o levantamento histórico de dados com o valor presente de projetos similares. Como esse levantamento dificilmente está disponível, parte-se para o cálculo indireto, a partir de incertezas ambientais, com séries históricas mais determinadas. Se não houver séries históricas, parte-se para abordagens subjetivas para estimar a volatilidade do valor presente do projeto. Eventualmente, podem ser utilizados os comportamentos de ações negociadas em bolsa, cujos retornos se assemelhem ao do projeto em análise;
- finalmente, desenvolver a árvore de decisão do projeto. Aí são determinados os valores das opções reais, que correspondem ao valor do projeto incluindo a flexibilidade do investimento.

As principais opções reais são:

- adiamento — poder adiar um investimento se as condições de mercado não forem boas;
- contração — reduzir a escala de operações em momentos de dificuldades, por exemplo, férias coletivas ou demissões;
- expansão — ampliar instalações, realizar novos investimentos, trabalhar com vários turnos;
- abandono do projeto — simplesmente encerrar o projeto.

Como podemos notar, trata-se de um processo complexo, ainda em desenvolvimento, que demanda uma base estatística em termos dos resultados de projetos similares para obter aderência à realidade. Atualmente, no Brasil, a teoria das opções é utilizada pelo BNDES e pela Petrobras para a análise de alguns investimentos específicos. Em futuro próximo, esse método terá, indubitavelmente, um lugar de destaque na análise e avaliação de projetos de investimentos.

A seguir, abordaremos a modalidade de financiamento denominada *project finance*, que tem como objetivo reduzir os riscos e custos dos acionistas e intervenientes em grandes empreendimentos.

Project finance

Durante as duas últimas décadas desenvolveu-se um importante método de financiamento em larga escala de novos negócios. A esse método deu-se o nome de *project finance*, que pode ser definido como uma operação integrada em que as empresas financiadoras do empreendimento são remuneradas com as receitas geradas a partir da operação do projeto. O empreendimento se desenvolverá do estabelecimento de uma nova empresa, específica, denominada SPC (*special purpose company*), apenas para o empreendimento em questão. A novidade é que os provedores de capital (acionistas e credores) dividem o risco do negócio e os recursos são obtidos apenas para o projeto em si, sem a expectativa de que as companhias originais responsáveis arquem com as responsabilidades do mesmo.

Originalmente, esse método surgiu como modo de financiar os projetos de exploração de petróleo no Mar do Norte nos anos 1970. A seguir, foi estendido à exploração de outros recursos naturais, geração de energia, oleodutos, desenvolvimento de sistemas de transporte, entre outros.

Pode-se citar como exemplo de *project finance* mal-sucedido a suspensão dos pagamentos de juros por parte do Eurotunnel em 1995, demandando uma reestruturação. Outra situação difícil foi vivida pela EuroDisney, a partir de 1994, com pesados custos de reestruturação. No entanto, esse tipo de financiamento de projetos tem sido responsável por dezenas de bilhões de dólares em projetos nos últimos anos.

No Brasil, a Linha Amarela (Lamsa) é um exemplo de *project finance*. Trata-se de uma *special proposed company* (SPC), ou seja, uma empresa com propósito definido. Nenhum parceiro individualmente poderia ou desejaria arcar com o peso do investimento, de modo que se tornou necessária a formação de um grupo de empresas para constituir a SPC.

A grande vantagem desse método de investimento é dar maior visibilidade aos provedores de capital (acionistas e credores), ante a obrigação de uma instituição financeira receber todos os informes sobre receitas e fluxos de caixa e divulgá-los àqueles.

A maneira de avaliar financeiramente o projeto não difere de um projeto ou empresa normal. Portanto, os procedimentos estudados neste livro também se aplicam ao estudo de viabilidade de um projeto estruturado como *project finance*.

A modalidade de financiamento do *project finance* é bastante utilizada nos setores de petróleo, gás natural, telecomunicações, concessões de rodovias e ferrovias e setor elétrico. Como exemplo, a tabela 10 mostra os financiamentos nessa modalidade aprovados pelo Banco Interamericano de Desenvolvimento (BID) para projetos na área de energia elétrica no Brasil nos últimos anos.

Tabela 10

PROJECT FINANCE NO BRASIL

Projeto	Setor	Investimento total (US$ milhões)	Empréstimo BID (US$ milhões)
Campos Novos	Geração hidrelétrica	562	75
Cana Brava	Geração hidrelétrica	426	240
Dona Francisca	Geração hidrelétrica	118	41
Energia Norte	Geração térmica	95	61
Termobahia	Geração térmica	250	174
Termopernambuco	Geração térmica	415	203
Interconexão Brasil-Argentina	Importação de eletricidade	395	244
Novatrans	Transmissão elétrica	274	66
VBC	Distribuição elétrica	345	100
Light	Distribuição elétrica	270	100
Bandeirante	Distribuição elétrica	155	100
Total		**3.305**	**1.404**

Resumo do capítulo

Tipos de risco:

- risco isolado — medido pela variabilidade dos retornos esperados;
- da empresa — efeito do projeto sobre a variabilidade dos fluxos de caixa da empresa;
- de mercado — efeito do projeto sobre a variabilidade dos retornos de um investidor com uma carteira diversificada.

Ajustes para o risco isolado:

- abordagem subjetiva;
- equivalentes à certeza;
- análise de sensibilidade;
- análise de cenários;
- taxa de desconto ajustada ao risco;
- árvore de decisão;
- simulações.

Project finance é uma forma de lidar com o risco em grandes projetos.

No capítulo 5, mostraremos um estudo de caso completo, envolvendo a aplicação de vários dos conceitos aprendidos no livro. E apresentaremos algumas aplicações práticas especiais, permitindo um maior aprofundamento aos leitores que desejarem.

5

Estudo de caso e aplicações avançadas

Neste capítulo, algumas aplicações avançadas serão resolvidas, permitindo um aprofundamento maior em algumas questões abordadas neste livro.

Estudo de caso

Exemplo 1

Uma empresa nacional de grande porte, cujas atividades concentram-se no ramo de gases para fins terapêuticos, *recebeu de sua matriz dois projetos de desenvolvimento de novos produtos.*

Atualmente, seus principais produtos, responsáveis por mais de 80% do faturamento, são oxigênio líquido e gasoso.

Informações financeiras da empresa:

- a alíquota do imposto de renda para a empresa é de 20%;
- a estrutura de capital da empresa é composta de 60% de capital próprio e 40% de capital de terceiros;

- o capital próprio é composto de ações negociadas em bolsa de valores e as mesmas têm rendido dividendos crescentes nos últimos anos;
- a taxa de retorno do capital próprio está em 20% ao ano;
- o capital de terceiros é composto de debêntures que pagam cupons anuais, com taxa de retorno de 14% ao ano.

Informações referentes aos projetos:

- o primeiro projeto trata do desenvolvimento e construção de equipamentos capazes de produzir ar medicinal dentro de unidades hospitalares. Tal projeto, a partir de agora, será denominado Ar Medicinal;
- o segundo projeto trata da produção de um *blend* de gases medicinais destinado à potencialização dos anestésicos utilizados em intervenções cirúrgicas. Tal projeto, a partir de agora, será denominado Blend;
- os projetos supracitados devem ser considerados mutuamente excludentes, ou seja, a aceitação de um implica a rejeição do outro;
- os dois projetos apresentam riscos que podem ser considerados equivalentes ao risco médio da empresa, não interferindo no faturamento dos demais produtos da mesma;
- o horizonte de ambos é de quatro anos;
- o volume de receitas previsto para o primeiro ano do Ar Medicinal é de R$ 400 mil; para o Blend, R$ 280 mil;
- estima-se que o volume de vendas cresça 10% ao ano para o Ar Medicinal e 15% para o Blend;
- os custos iniciais de produção previstos são de R$ 80 mil por ano para cada um dos projetos. Estima-se uma taxa de crescimento dos custos em 5% a cada ano;
- o investimento necessário em ativos permanentes deverá ser de R$ 500 mil para o Ar Medicinal e de R$ 400 mil para o Blend. Tais ativos deverão ser depreciados segundo suas vidas contábeis, de oito anos;

- os ativos permanentes serão revendidos ao final dos respectivos projetos, a valores de mercado estimados em R$ 350 mil para o primeiro projeto e R$ 300 mil para o segundo;
- para o projeto selecionado haverá investimento em capital de giro no valor de R$ 50 mil, crescendo proporcionalmente ao volume de vendas;
- para quaisquer dos projetos, a instalação fabril para o produto selecionado será montada em um terreno de propriedade da empresa, de valor estimado em R$ 100 mil, que se encontra, desde a sua aquisição, desocupado e com valor atual de mercado inalterado. Este valor está incluído no investimento.

O gerente de projetos, função que você ocupa na empresa, é responsável pela análise da viabilidade econômico-financeira dos projetos. Terá a obrigação de defender a escolha e decisão perante a sua diretoria executiva.

Para tanto, haverá a necessidade da elaboração de um relatório, com suas planilhas explicativas, que deverá:

- conter um estudo da viabilidade econômico-financeira de cada projeto, utilizando o método do valor presente líquido (VPL), índice de lucratividade (IL) e taxa interna de retorno (TIR);
- conter uma análise de sensibilidade do projeto selecionado como vencedor perante as possíveis variações das taxas de juros. Essa é uma preocupação a mais com o risco;
- verificar se os projetos estão realmente remunerando os acionistas e qual é o retorno sobre o capital próprio de cada projeto. Os empréstimos ocorridos serão financiados pelo sistema de amortização constante (SAC) sem prazo de carência e com os juros preestabelecidos;
- e, finalmente, apresentar uma verificação se houve alavancagem financeira, ou seja, se a utilização de capital de terceiros beneficiou a rentabilidade do capital próprio.

Primeiramente, deve-se montar planilhas que resumam os dados para cada projeto a ser analisado. Assim, teremos:

Ar Medicinal	
Dados gerais	
Vida do projeto (anos)	**4**
Alíquota do IR (%)	20,00%
Custo do capital próprio (%) — k_E	20,00%
Custo do capital de terceiros (%) — k_D	14,00%
% capital próprio na estrutura de capital	60,00%
Custo de capital da empresa com ajuste fiscal	16,48%
Custo de capital da empresa sem ajuste fiscal	17,60%
Dados operacionais	
Vendas iniciais (R$)	400.000,00
Crescimento anual nas vendas (%)	10,00%
Custos iniciais *exceto depreciação* (R$)	80.000,00
Crescimento anual de custos *exceto depr.* (%)	5,00%
Fluxos líquidos em ativos fixos	
No início do projeto	
Investimento em ativos fixos	500.000,00
Revenda de ativos fixos	0,00
Valor contábil dos ativos revendidos	0,00
Imposto de renda sobre revenda	0,00
FLC no início do projeto	–500.000,00
Vida contábil dos ativos novos (anos)	8
No fim do projeto:	
Investimento em ativos fixos	0,00
Revenda de ativos fixos	350.000,00
Valor contábil dos ativos revendidos	250.000,00
Imposto de renda sobre revenda	20.000,00
FLC no fim do projeto	330.000,00

Agora, apresentamos as necessidades anuais de reforço no capital de giro.

Crescimento no volume de vendas	0,10				
Necessidades anuais de capital de giro:	50.000,00				
Ano	0	1	2	3	4
Necessidade anual (R$)	0,00	50.000,00	55.000,00	60.500,00	66.550,00

Parte-se, agora, para a avaliação do fluxo de caixa global, da forma vista no capítulo 1.

AVALIAÇÃO DO FLUXO DE CAIXA GLOBAL

Ano	0	1	2	3	4
Fluxo de caixa operacional					
(+) Receita		400.000,00	440.000,00	484.000,00	532.400,00
(−) Custos *exceto depreciação*		80.000,00	84.000,00	88.200,00	92.610,00
(−) Depreciação		62.500,00	62.500,00	62.500,00	62.500,00
(=) Lucro tributável		257.500,00	293.500,00	333.300,00	377.290,00
(−) IR		51.500,00	58.700,00	66.660,00	75.458,00
(=) Lucro líquido		206.000,00	234.800,00	266.640,00	301.832,00
(+) Depreciação		62.500,00	62.500,00	62.500,00	62.500,00
(=) **FCO**		268.500,00	297.300,00	329.140,00	364.332,00
Fluxos líquidos de capital					
(+) Receita de revenda	0,00	0,00	0,00	0,00	350.000,00
(−) IR de revenda	0,00	0,00	0,00	0,00	20.000,00
(−) Investimento em ativos fixos	500.000,00	0,00	0,00	0,00	0,00
(=) **FLC**	−500.000,00	0,00	0,00	0,00	330.000,00
Fluxo de capital de giro líquido					
(+) Recuperação de CGL	0,00	50.000,00	55.000,00	60.500,00	66.550,00
(−) Investimento em CGL	50.000,00	55.000,00	60.500,00	66.550,00	0,00
(=) **FCGL**	−50.000,00	−5.000,00	−5.500,00	−6.050,00	66.550,00
FCG = FCO + FLC + FCGL	−550.000,00	263.500,00	291.800,00	323.090,00	760.882,00

Deve-se, agora, aplicar as técnicas de análise apresentadas no capítulo 2.

Técnicas de análise	
Valor presente líquido (VPL)	509.076,33
Taxa interna de retorno (TIR)	50,16%
Índice de lucratividade (IL)	1,9256

Finalmente, chega-se ao momento de decisão quanto ao projeto Ar Medicinal: tendo em vista que o VPL > 0, TIR > custo de capital da empresa (16,48) e IL > 1, o correto é *aceitar* o projeto.

Parte-se, agora, para a simulação, por meio da variação do custo de capital, obtendo-se VPLs decrescentes.

Ar Medicinal	
Custo de capital (%)	VPL
0,00	1.089.272,00
5,00	870.700,38
10,00	693.137,42
15,00	547.246,83
20,00	426.133,29
25,00	324.631,35
30,00	238.820,59

A análise de sensibilidade, explicada no capítulo 4, tem como resultado o gráfico abaixo, onde foram plotados os VPLs em função dos custos de capital da tabela anterior.

SENSIBILIDADE AR MEDICINAL

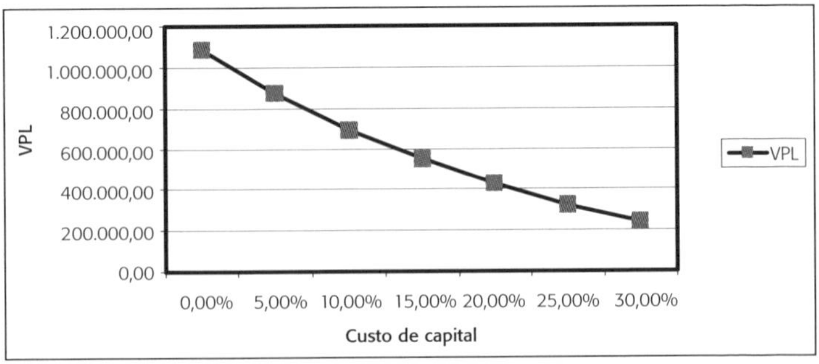

Agora, devemos avaliar o projeto Ar Medicinal sob o ponto de vista dos acionistas, ou seja, do capital próprio.

Em primeiro lugar, o financiamento é apresentado, segundo seu sistema de amortização constante.

Avaliação do fluxo de caixa do capital próprio				
Ano	Amortização	Prestação	Juros	Sistema de financiamento
0				Saldo devedor
1	50.000,00	78.000,00	28.000,00	200.000,00
2	50.000,00	71.000,00	21.000,00	150.000,00
3	50.000,00	64.000,00	14.000,00	100.000,00
4	50.000,00	57.000,00	7.000,00	50.000,00
				0,00

Podemos, então, calcular o fluxo de caixa operacional.

Ano	0	1	2	3	4
Fluxo de caixa operacional					
(+) Receita		400.000,00	440.000,00	484.000,00	532.400,00
(–) Custos *exceto depreciação*		80.000,00	84.000,00	88.200,00	92.610,00
(–) Depreciação		62.500,00	62.500,00	62.500,00	62.500,00
(–) Despesas financeiras		28.000,00	21.000,00	14.000,00	7.000,00
(=) Lucro tributável		229.500,00	272.500,00	319.300,00	370.290,00
(–) IR		45.900,00	54.500,00	63.860,00	74.058,00
(=) Lucro líquido		183.600,00	218.000,00	255.440,00	296.232,00
(+) Depreciação		62.500,00	62.500,00	62.500,00	62.500,00
(–) Amortização		50.000,00	50.000,00	50.000,00	50.000,00
(=) **FCO**		196.100,00	230.500,00	267.940,00	308.732,00
Fluxos líquidos de capital					
(+) Receita de revenda	0,00	0,00	0,00	0,00	350.000,00
(–) IR de revenda	0,00	0,00	0,00	0,00	20.000,00
(–) Investimento em ativos fixos	300.000,00	0,00	0,00	0,00	0,00
(=) **FLC**	–300.000,00	0,00	0,00	0,00	330.000,00
Fluxo de capital de giro líquido					
(+) Recuperação de CGL	0,00	50.000,00	55.000,00	60.500,00	66.550,00
(–) Investimento em CGL	50.000,00	55.000,00	60.500,00	66.550,00	0,00
(=) **FCGL**	–50.000,00	–5.000,00	–5.500,00	–6.050,00	66.550,00
FCG = FCO + FLC + FCGL	–350.000,00	191.100,00	225.000,00	261.890,00	705.282,00

Novamente, devemos utilizar as técnicas de análise do capítulo 2.

Técnicas de análise	
Valor presente líquido (VPL)	457.181,13
Taxa interna de retorno (TIR)	65,38%
Índice de lucratividade (IL)	2,3062

A alavancagem do projeto é apresentada a seguir.

Alavancagem			
	TIR	Custo	Razão
Fluxo de caixa global com ajuste fiscal	0,5016	0,1648	3,0435
Fluxo de caixa global sem ajuste fiscal	0,5016	0,1760	2,8498
Fluxo de caixa do capital próprio	0,6538	0,2000	3,2690

Analisando as razões apresentadas na tabela de alavancagem, podemos verificar que houve um ganho maior no fluxo de caixa do capital próprio. Esse ganho recebe o nome de alavancagem financeira e foi proporcionado pela:

- utilização de capital de terceiros com um custo menor;
- dedução das despesas financeiras, juros, reduzindo dessa forma o imposto de renda a pagar.

Abaixo estão os resultados para o projeto Blend. Os procedimentos são os mesmos do projeto Ar Medicinal.

Primeiramente, deve-se montar planilhas que resumam os dados para cada projeto a ser analisado. Dessa forma, teremos:

Blend	
Dados gerais	
Vida do projeto (anos)	**4**
Alíquota do IR (%)	20,00%
Custo do capital próprio (%) – k_E	20,00%
Custo do capital de terceiros (%) – k_D	14,00%
% capital próprio na estrutura de capital	60,00%
Custo de capital da empresa com ajuste fiscal	16,48%
Custo de capital da empresa sem ajuste fiscal	17,60%

A seguir, apresentamos os dados operacionais.

Vendas iniciais	R$ 300.000,00
Crescimento anual nas vendas	15,00%
Custos iniciais *exceto depreciação*	R$ 80.000,00
Crescimento anual dos custos *exceto depreciação*	5,00%

A seguir, os fluxos líquidos em ativos fixos.

No início do projeto	
Investimento em ativos fixos	R$ 400.000,00
Revenda de ativos fixos	0,00
Valor contábil dos ativos revendidos	0,00
Imposto de renda sobre revenda	0,00
FLC no início do projeto	–R$ 400.000,00
Vida contábil dos ativos novos (anos)	8
No fim do projeto	
Investimento em ativos fixos	0,00
Revenda de ativos fixos	R$ 300.000,00
Valor contábil dos ativos revendidos	R$ 200.000,00
Imposto de renda sobre revenda	R$ 20.000,00
FLC no fim do projeto	R$ 280.000,00

O crescimento no volume anual de vendas, bem como as necessidades anuais de capital de giro são apresentados a seguir.

Crescimento no volume de vendas (%)	15,00				
Necessidades anuais de capital de giro (R$)	50.000,00				
Ano	0	1	2	3	4
Necessidade anual (R$)	0,00	50.000,00	57.500,00	66.125,00	76.043,75

Podemos, agora, calcular o fluxo de caixa global, como vimos no capítulo 1.

Avaliação do fluxo de caixa global (R$)

Ano	0	1	2	3	4
Fluxo de caixa operacional					
(+) Receita		300.000,00	345.000,00	396.750,00	456.262,50
(−) Custos *exceto depreciação*		80.000,00	84.000,00	88.200,00	92.610,00
(−) Depreciação		50.000,00	50.000,00	50.000,00	50.000,00
(=) Lucro tributável		170.000,00	211.000,00	258.550,00	313.652,50
(−) IR		34.000,00	42.200,00	51.710,00	62.730,50
(=) Lucro líquido		136.000,00	168.800,00	206.840,00	250.922,00
(+) Depreciação		50.000,00	50.000,00	50.000,00	50.000,00
(=) **FCO**		186.000,00	218.800,00	256.840,00	300.922,00
Fluxos líquidos de capital					
(+) Receita de revenda	0,00	0,00	0,00	0,00	300.000,00
(−) IR de revenda	0,00	0,00	0,00	0,00	20.000,00
(−) Investimento em ativos fixos	400.000,00	0,00	0,00	0,00	0,00
(=) **FLC**	−400.000,00	0,00	0,00	0,00	280.000,00
Fluxo de capital de giro líquido					
(+) Recuperação de CGL	0,00	50.000,00	57.500,00	66.125,00	76.043,75
(−) Investimento em CGL	50.000,00	57.500,00	66.125,00	76.043,75	0,00
(=) **FCGL**	−50.000,00	−7.500,00	−8.625,00	−9.918,75	76.043,75
FCG = FCO + FLC + FCGL	−450.000,00	178.500,00	210.175,00	246.921,25	656.965,75

A aplicação das técnicas de análise do capítulo 2 é:

Valor presente líquido (VPL)	371.291,55
Taxa interna de retorno (TIR)	45,34%
Índice de lucratividade (IL)	1,8251

Tendo em vista que o VPL > 0, TIR > custo de capital da empresa (16,48) e IL > 1, implica aceitar o projeto.

A seguir, será apresentada a análise de sensibilidade.

ANÁLISE DE SENSIBILIDADE — BLEND

Custo de capital (%)	VPL (R$)
0,00	842.562,00
5,00	664.422,13
10,00	520.203,11
15,00	402.116,92
20,00	304.422,86
25,00	222.828,85
30,00	154.083,65
35,00	95.695,29
40,00	45.731,51
45,00	2.679,84
50,00	−34.656,02

O próximo gráfico ilustra a análise de sensibilidade para o projeto Blend.

SENSIBILIDADE DO BLEND

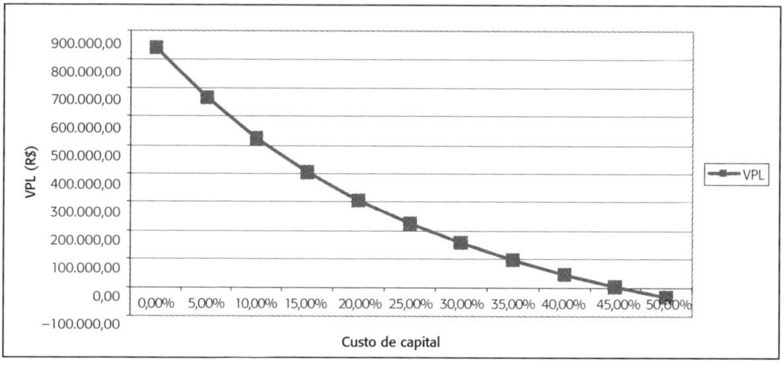

A análise sob o ponto de vista do acionista é apresentada a seguir.

AVALIAÇÃO DO FLUXO DE CAIXA DO CAPITAL PRÓPRIO

Sistema de financiamento				
Ano	Prestação	Amortização	Juros	Saldo devedor
0				160.000,00
1	62.400,00	40.000,00	22.400,00	120.000,00
2	56.800,00	40.000,00	16.800,00	80.000,00
3	51.200,00	40.000,00	11.200,00	40.000,00
4	45.600,00	40.000,00	5.600,00	0,00

Finalmente, apresentamos o fluxo de caixa ao acionista, como apresentado no capítulo 1.

	0	1	2	3	4
Fluxo de caixa operacional					
(+) Receita		300.000,00	345.000,00	396.750,00	456.262,50
(–) Custos *exceto depreciação*		80.000,00	84.000,00	88.200,00	92.610,00
(–) Depreciação		50.000,00	50.000,00	50.000,00	50.000,00
(–) Despesas financeiras		22.400,00	16.800,00	11.200,00	5.600,00
(=) Lucro tributável		147.600,00	194.200,00	247.350,00	308.052,50
(–) IR		29.520,00	38.840,00	49.470,00	61.610,50
(=) Lucro líquido		118.080,00	155.360,00	197.880,00	246.442,00
(+) Depreciação		50.000,00	50.000,00	50.000,00	50.000,00
(–) Amortização		40.000,00	40.000,00	40.000,00	40.000,00
(=) **FCO**		128.080,00	165.360,00	207.880,00	256.442,00
Fluxos líquidos de capital					
(+) Receita de revenda	0,00	0,00	0,00	0,00	300.000,00
(–) IR de revenda	0,00	0,00	0,00	0,00	20.000,00
(–) Investimento em ativos fixos	240.000,00	0,00	0,00	0,00	0,00
(=) **FLC**	–240.000,00	0,00	0,00	0,00	280.000,00
Fluxo de capital de giro líquido					
(+) Recuperação de CGL	0,00	40.000,00	11.200,00	40.000,00	0,00
(–) Investimento em CGL	40.000,00	11.200,00	40.000,00	0,00	0,00
(=) **FCGL**	–40.000,00	28.800,00	–28.800,00	40.000,00	0,00
FCG = FCO + FLC + FCGL	–280.000,00	156.880,00	136.560,00	247.880,00	536.442,00

As técnicas de análise de projetos, do capítulo 2, são aplicadas e os resultados apresentados a seguir.

Valor presente líquido (VPL)	R$ 347.716,55
Taxa interna de retorno (TIR)	63,21%
Índice de lucratividade (IL)	2,2418

A alavancagem financeira é calculada a seguir.

	TIR	Custo	Razão
Fluxo de caixa global com ajuste fiscal	0,4534	0,1648	2,7510
Fluxo de caixa global sem ajuste fiscal	0,4534	0,1760	2,5759
Fluxo de caixa do capital próprio	0,6321	0,1400	4,5151

Da mesma forma que no projeto anterior, ao analisar as razões, podemos verificar que houve um ganho maior no fluxo de caixa do capital próprio. A alavancagem financeira foi proporcionada pela:

- utilização de capital de terceiros com um custo menor;
- dedução das despesas financeiras — juros — reduzindo, assim, o imposto de renda a pagar.

Finalmente, procederemos à análise incremental, para os dois projetos em conjunto. Essa análise nos dirá qual dos dois é o melhor.

(+) FCI Ar Medicinal (R$)	–550.000,00	263.500,00	291.800,00	323.090,00	760.882,00
(–) FCI Blend (R$)	–450.000,00	178.500,00	210.175,00	246.921,25	656.965,75
(=) Projeto incremental (R$)	–100.000,00	85.000,00	81.625,00	76.168,75	103.916,25

Cálculo dos valores presentes líquidos do projeto incremental.

Custo de capital (%)	VPL (R$)
10,00	172.934,31
15,00	145.129,91
20,00	121.710,43
25,00	101.802,50
30,00	84.736,84
35,00	69.994,41
40,00	57.168,24
45,00	45.935,92
50,00	36.039,63
60,00	19.462,01
70,00	6.189,39
75,48	**0,00**
80,00	–4.625,34

A análise de sensibilidade, obtida por meio do cálculo dos VPLs acima, nos proporciona o gráfico a seguir.

Projeto incremental

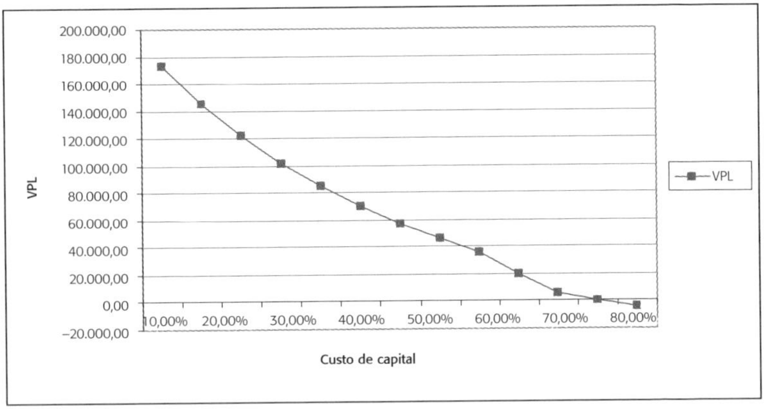

Aplicamos, novamente, as técnicas de análise.

Valor presente líquido (VPL)	R$ 137.784,79
Taxa interna de retorno (TIR)	75,480942%
Índice de lucratividade (IL)	2,3778

Ante os resultados encontrados, a decisão recairá pela escolha do projeto Ar Medicinal. Isso foi ocasionado pela análise incremental, que apontou a vantagem de se realizar o projeto de maior escala. A seguir, veremos como lidar com projetos de tributação negativa.

Projetos com tributação negativa

Geralmente, os projetos, nos primeiros anos de vida, quando estão na fase de aposta ou de crescimento, podem apresentar fluxos de caixa negativos ou insuficientes para, deduzida a depreciação, resultar em lucro tributável positivo. Surge então o lucro tributável negativo ou, melhor dizendo, o prejuízo contábil. Como lidar com a situação? É o que veremos nos exemplos a seguir.

Exemplo 2

Seja um projeto com as características abaixo listadas. As estimativas foram feitas com base em previsões gerenciais.

Projeto	Estimativas (R$)
Investimento	20.000
Redução anual custos	4.000
Valor residual	0
Taxa	0,25
Vida econômica	10
Taxa mín. de atratividade	0,07
IR	0,35

Construímos o fluxo de caixa para o projeto (valores em reais).

Período (anos)	Fluxo de caixa	Depreciação	Lucro tributável	IR	Fluxo caixa após IR
0	–20.000				–20.000
1	4.000	5.000	–1.000	350	4.350
2	4.000	5.000	–1.000	350	4.350
3	4.000	5.000	–1.000	350	4.350
4	4.000	5.000	–1.000	350	4.350
5	4.000		4.000	–1.400	2.600
6	4.000		4.000	–1.400	2.600
7	4.000		4.000	–1.400	2.600
8	4.000		4.000	–1.400	2.600
9	4.000		4.000	–1.400	2.600
10	4.000		4.000	–1.400	2.600

Aplicamos, a seguir, os modelos determinísticos vistos no capítulo 2, VPL e TIR.

- VPL — 4.188,93;
- TIR — 0,120083313.

Você, leitor, pode perceber que nos primeiros quatro anos o lucro tributável foi negativo. Esse prejuízo se refletirá na empresa, acarretando diminuição do lucro da empresa e, por causalidade, no imposto a pagar.

Podemos dar a interpretação de Oliveira (1982), que, para casos como esse, conclui que é como se houvesse uma restituição de imposto ao projeto em valor igual à redução de imposto em relação ao que a empresa pagaria sem o mesmo. O benefício fiscal do prejuízo contábil acarretado pelo novo empreendimento é, no fundo, a sua vantagem. A seguir, mais um exemplo para consolidarmos esse importante conceito.

Exemplo 3

Sejam os projetos A e B, adiante descritos. Qual dos dois seria o mais atraente?

	A	B
Investimento inicial (R$)	18.000	25.000
Custos operacionais (R$)	3.000	2.000
Valor residual		
Vida econômica	5	5
TMA	0,12	0,12
IR	0,35	0,35

Primeiramente, devemos montar o fluxo de caixa de cada projeto.

PROJETO A
(R$)

Período	Fluxo de caixa	Depreciação	Redução no lucro tributável da empresa	Redução no IR a pagar	Fluxo de caixa após IR
0	−18.000				−18.000
1	−3.000	−3.600	6.600	2.310	−690
2	−3.000	−3.600	6.600	2.310	−690
3	−3.000	−3.600	6.600	2.310	−690
4	−3.000	−3.600	6.600	2.310	−690
5	−3.000	−3.600	6.600	2.310	−690

Em seguida, calculamos o VPL do projeto A, que é de –R$ 20.487,30.

PROJETO B
(R$)

Período	Fluxo de caixa	Depreciação	Redução no lucro tributável da empresa	Redução no IR a pagar	Fluxo de caixa após IR
0	−25.000				−25.000
1	−2.000	−5.000	7.000	2.450	450
2	−2.000	−5.000	7.000	2.450	450
3	−2.000	−5.000	7.000	2.450	450
4	−2.000	−5.000	7.000	2.450	450
5	−2.000	−5.000	7.000	2.450	450

O VPL do projeto B é de –R$ 20.001,02.

Os custos operacionais acrescidos da depreciação redundaram em uma redução no lucro tributável da empresa, que, por sua vez, acarretou uma redução no imposto de renda a pagar. Essa redução apresenta o mesmo significado de um recebimento adicional decorrente do projeto e como tal deve ser considerada, como pondera Oliveira (1982). O melhor projeto é, portanto, o B, por apresentar maior VPL.

O exemplo 4, a seguir, faz uma extensão.

Exemplo 4

Incluindo um valor de venda dos projetos. E agora, qual o mais interessante?

Projetos	A	B
Investimento inicial (R$)	18.000	25.000
Custos operacionais (R$)	3.000	2.000
Valor residual (R$)	2.000	3.000
Vida econômica	5	5
Valor venda (R$)	4.000	5.000
TMA	0,12	0,12
IR	0,35	0,35

Primeiramente, apresentamos a planilha para o projeto A.

Projeto A
(R$)

Período	Fluxo de caixa	Depreciação	Redução no lucro tributável da empresa	Redução no IR a pagar	Fluxo de caixa após IR
0	−18.000				−18.000
1	−3.000	−3.200	6.200	2.170	−830
2	−3.000	−3.200	6.200	2.170	−830
3	−3.000	−3.200	6.200	2.170	−830
4	−3.000	−3.200	6.200	2.170	−830
5	−3.000	−3.200	6.200	2.170	2.470

O VPL do projeto A é de –R$ 19.119,46.

PROJETO B

(R$)

Período	Fluxo de caixa	Depreciação	Redução no lucro tributável da empresa	Redução no IR a pagar	Fluxo de caixa após IR
0	–25.000				–25.000
1	–2.000	–4.400	6.400	2.240	240
2	–2.000	–4.400	6.400	2.240	240
3	–2.000	–4.400	6.400	2.240	240
4	–2.000	–4.400	6.400	2.240	240
5	–2.000	–4.400	6.400	2.240	4.540

O VPL do projeto B é de –R$ 23.508,25.

Conclusão: o melhor projeto é o A, que apresenta o melhor valor presente líquido (VPL).

Resumo do capítulo

O estudo de caso utilizou as técnicas determinísticas do VPL, da TIR e do IL. Foi feita, para cada projeto, a análise de sensibilidade.

Como foi necessário comparar os projetos, adotou-se a análise do projeto incremental, que acabou por definir qual era o melhor.

Nos exemplos de tributação negativa os melhores projetos foram os que apresentaram os VPLs menos negativos e, portanto, maiores.

Deve-se combinar o uso de vários modelos determinísticos para, em determinados projetos, obter a melhor decisão.

O apêndice lista alguns sites úteis para consulta sobre avaliação de projetos ou outras informações relevantes.

Conclusão

Caro leitor, agora que você concluiu a leitura do nosso livro, deve estar imaginando a multiplicidade de aplicações para o fascinante tema.

Iniciamos nosso estudo com a determinação dos fluxos de caixa, revendo importantes conceitos contábeis, que servem de base à análise de valor dos projetos. Os modelos determinísticos apresentados, consagrados no mundo das finanças, com certeza lhe darão suporte às futuras decisões que tomará em sua vida profissional. Você deve ter ficado impressionado com o tratamento do risco, essa ameaça oculta, que traz consigo uma gama de oportunidades. Endividamento, imagine, vale a pena, e muito! As pessoas físicas, em especial no Brasil, não têm essa percepção. Alavancagem financeira e operacional, caro leitor, fazem parte agora de seu vocabulário, quiçá, do seu dia a dia. Se quiser mais segurança, poderá desenvolver cenários, árvores de decisão, incluir flexibilidade e simulações nas análises. Quantas ferramentas!

Entretanto, caro leitor, tudo o que estudamos somente tem significado quando somado à sua experiência pessoal. A intuição, tão arduamente desenvolvida ao longo da vida, estará, a partir de agora, a seu serviço, para que possa escolher a abordagem adequada e os instrumentos mais eficazes para tomar suas decisões de investimento em projetos.

Procuramos facilitar a compreensão por meio de muitos exemplos práticos, mas isso não exclui a necessária contribuição da sua visão das oportunidades de investimento, do futuro, e até de seus sonhos. Lembre-se de que, por trás de cada projeto, há um sonho que surgiu quase por acaso. A centelha criadora está presente em todos nós, e este livro se propõe a auxiliar todos que desejem transformar seus projetos em realidade.

Desejamos que nosso esforço sirva para pavimentar o caminho de muitos empreendedores, gerentes de projetos, construtores de um mundo melhor para todos nós.

Referências bibliográficas

BREALEY, R.; MYERS, S. *Principles of corporate finance*. 6. ed. Boston: McGraw-Hill, 2000.

______. *Principles of corporate finance*. 7. ed. Boston: McGraw-Hill, 2003.

BRIGHAM, Eugene F.; CAPENSKI, L.; EHRHARDT, M. *Administração financeira, teoria e prática*. São Paulo: Atlas, 2001.

COHEN, D. *Gestão de projetos*: MBA executivo. Rio de Janeiro: Campus, 2002.

COPELAND, T.; KOLLER, T.; MURRIN, J. *Avaliação de empresas* – valuation. São Paulo: Makron Books, 2000.

DAMODARAN, A. *Avaliação de investimentos*: ferramentas e técnicas para determinação do valor de qualquer ativo. Rio de Janeiro: Qualitymark, 1997.

______. *Finanças corporativas aplicadas*. Porto Alegre: Bookman, 2002.

FRANKEL, J. A. Quantifying international capital mobility in the 1980s. In: BERNHEIM, D.; SHOVERS, J. (Eds.). *National saving and economic performance*. Chicago: The University of Chicago Press, 1991.

GARCIA, M.; OLIVARES, G. O prêmio de risco da taxa de câmbio do Brasil após o Plano Real. *Revista Brasileira de Economia*, v. 55, n. 2, 2001.

GARCIA, R.; BONOMO, M. Tests of conditional asset pricing models in the Brazilian stock market. *Journal of International Money and Finance*, v. 20, p. 71-90, 2001.

GITMAN, L. *Princípios de administração financeira*. 7. ed. São Paulo: Harbra, 1997.

HAMADA, R. S. The effects of the firm's capital structure on the systematic risk of common stock. *Journal of Finance*, n. 27, p. 435-452, May 1972.

HARVEY, C. R.; GRAHAM, J. R. The theory and practice of corporate finance: evidence from the field. *Journal of Financial Economics*, n. 60, p. 187-243, 2001.

LEAL, R. *Revisão da literatura sobre estimativa do custo do capital aplicada ao Brasil*. Monografia — Coppead, Rio de Janeiro, 2002.

LEMES JR., A. B.; RIGO, C. M.; CHEROBIM, A. P. M. S. *Administração financeira*: princípios, fundamentos e práticas brasileiras. 2. ed. Rio de Janeiro: Elsevier, 2005.

McCLAVE, J. T.; BENSON, P.; SINSICH, T. *Statistics for business and economics*. 9. ed. New Jersey: Prentice Hall, 2005.

MOTTA, R.; CALOBA, G. *Análise de investimentos*: tomada de decisões em projetos industriais. São Paulo: Atlas, 2002.

OLIVEIRA, J. A. N. *Engenharia econômica*: uma abordagem às decisões de investimento. São Paulo: McGraw-Hill do Brasil, 1982.

PINDICK, R. S. Investment of uncertain cost. *Journal of Financial Economics*, v. 34, p. 53-76, 1993.

ROBERTS, K.; WEITZMAN, M. L. Funding criteria for research, development and exploration. *Econometrica*, v. 49, n. 5, p. 1261-1288, 1981.

ROSS, S. A.; WESTERFIELD, R. W.; JAFFE, J. *Princípios de administração financeira*. São Paulo: Atlas, 2002.

SOUZA, A.; CLEMENTE, A. *Decisões financeiras e análise de investimentos*: fundamentos, técnicas e aplicações. São Paulo: Atlas, 1997.

TRIGEORGIS, L. A conceptual options framework for capital budgeting. *Advances in future and options research*, n. 3, p. 145-167, 1988.

______. *Real options*: managerial flexibility and strategy in resource allocation. Cambridge: MIT Press, 1998.

______; MASON, S. Valuing managerial flexibility. *Midland Corporate Finance Journal*, v. 5, n. 1, p. 14-21, 1987.

Apêndice

Sites úteis

Endereço	Serviço
<www.andima.com.br>	Associação Nacional das Instituições do Mercado Aberto.
<www.anbid.com.br>	Associação Nacional de Bancos de Investimento, disponibiliza informações para investidores, links, entidades do mercado.
<www.bacen.gov.br>	Site do Banco Central do Brasil.
<www.bndes.gov.br>	Site do Banco Nacional de Desenvolvimento Econômico e Social, apresenta a empresa, os produtos, linhas de financiamento e publicações.
<www.bmf.com.br>	Site da BM&F.
<www.bovespa.com.br>	Página de bolsas de valores de São Paulo, com dados sobre o mercado local de ações.
<www.cvm.gov.br>	Site da Comissão de Valores Mobiliários: legislação sobre o mercado de capitais, balanços das empresas de capital aberto.
<www.damodaran.com>	Página do professor Damodaran, com muitos dados e planilhas de avaliação de negócios.
<www.debentures.com.br>	Site do Sistema Nacional de Debêntures.
<www.economatica.com.br>	Apresenta versão de demonstração com muitas informações sobre empresas brasileiras listadas em bolsa.

continua

Endereço	Serviço
<www.exame.com.br>	O site da *Exame* reúne notícias do mercado.
<www.fgv.br/fgvmanagement>	Site da Fundação Getulio Vargas, com acesso a inúmeras informações sobre economia e administração, bem como os cursos oferecidos.
<www.fiesp.com.br>	Site da Federação das Indústrias de São Paulo.
<www.infomoney.com.br>	Site financeiro e gráficos.
<www.ipea.gov.br>	Instituto de Pesquisa Econômica Aplicada.
<www.ibge.gov.br>	Site do IBGE.
<www.nyse.com.br>	Bolsa de Valores de Nova York – EUA.
<www.sebrae.com.br>	Serviço de apoio a novos projetos.
<www.uol.com.br>	Cotação do dólar, inflação no Brasil, rendimento da poupança e links para revistas especializadas em finanças.
<www.projectmanagersmba.com>	Para os gerentes de projetos compreenderem os impactos das decisões sobre os sistemas de negócios.

Os autores

Ricardo Bordeaux-Rêgo

Doutor e mestre em administração de empresas (finanças) pela Pontifícia Universidade Católica do Rio de Janeiro (PUC-Rio); especialista em engenharia de produção (logística) e engenheiro civil (cálculo estrutural) pela PUC-Rio. Foi diretor técnico da Fernandes, Bordeaux & Del Cima Engenharia e Construção Ltda., executivo da H. Stern Joalheiros e engenheiro da Cia. Cervejaria Brahma. É professor da FGV em cursos de MBA. Também leciona na PUC-Rio. É consultor em avaliação de projetos, mercado de capitais, capital de giro, regulamentação e estratégia financeira de empresas. Coautor dos livros *Mercado de capitais* (Coleção Coppead de Administração, 2000) e *Estudos em negócios* (IAG-PUC-Rio e Coppead, 2001). Tem diversos artigos acadêmicos publicados na área de finanças em revistas e congressos nacionais e internacionais.

Goret Pereira Paulo

Mestre em ciências econômicas pela Escola de Pós-Graduação em Economia da Fundação Getulio Vargas (EPGE/FGV) e bacharel em ciências econômicas pela Universidade Federal Fluminense (UFF). Sua experiência profissional inclui os cargos de economista-chefe, chefe de planejamento estratégico, gerente de suprimento de gás e geração de energia da Shell Brasil Ltda. e diretora de desenvolvimento de projetos de geração de energia da InterGen Ltda. Na área acadêmica, atuou como professora na Universidade Federal Fluminense (UFF). Atualmente ocupa a Coordenação Executiva de Cursos Corporativos do Instituto de Desenvolvimento Educacional (IDE/FGV). É consultora na área de energia e atua como professora nos cursos de MBA em Gerenciamento de Projetos, MBA em Gestão Empresarial e MBA em Finanças da FGV.

Ilda Maria de Paiva Almeida Spritzer

Doutora em engenharia de produção e mestre em administração de empresas pela Coppead/UFRJ; especialista em risco de crédito pela PFOC/Chase S.A; graduada em administração pública pela Escola Brasileira de Administração Pública da Fundação Getulio Vargas (Ebape/FGV). Professora adjunta do Cefet/RJ, na Graduação em Administração e no Mestrado em Tecnologia, nas disciplinas administração financeira e projetos tecnológicos. Professora convidada do Programa FGV Management. Atuou como professora nos programas de pós-graduação na Coppead/UFRJ, Coppe/UFRJ e CEE/Ucam. Exerceu a função de gerente financeiro no Unibanco S.A., a coordenação do departamento de risco no Chase Manhattan S.A. e consultoria em projetos tecnológicos no Citibank S.A.

Luis Pérez Zotes

Doutor em engenharia de produção pela Coppe/RJ; mestre em engenharia civil pela UFF; engenheiro civil pela PUC-Rio. Coordenador e professor do Curso de Administração da Universidade Federal Fluminense. Professor do Mestrado Profissional em Sistemas de Gestão da Escola de Engenharia da UFF, com a disciplina economia da empresa. Coordenador acadêmico e professor do MBA Latec/UFF de Engenharia Econômica e Financeira, nas disciplinas administração financeira I e II. Foi consultor e professor de planejamento estratégico e qualidade da Secretaria de Planejamento do Tribunal de Justiça do Rio de Janeiro e da Ponte S.A., entre outras. Foi gerente de engenharia da Cobec, *trading company* do Banco do Brasil e de bancos estatais associados. Professor convidado do FGV Management.

Impressão e Acabamento:
GRÁFICA STAMPPA LTDA.
Rua João Santana, 44 - Ramos - RJ